부모 내비게이션

내 자녀에게 전해주고 싶은
부모 내비게이션

초판 1쇄 인쇄　2024년 10월 04일
초판 1쇄 발행　2024년 10월 22일

신고번호　제313-2010-376호
등록번호　105-91-58839

지은이　아남 카라

발행처　보민출판사
발행인　김국환
기획　김선희
편집　조예슬
디자인　김민정

ISBN　979-11-6957-236-1　　03190

주소　경기도 파주시 해올로 11, 우미린더퍼스트@ 상가 2동 109호
전화　070-8615-7449
사이트　www.bominbook.com

- 가격은 뒤표지에 있으며, 파본은 구입하신 서점에서 교환해드립니다.
- 이 책은 저작권법에 의하여 보호를 받는 저작물이므로 무단 전재와 복사를 금합니다.

[생각 항아리 시리즈 Vol. 001]

내 자녀에게 전해주고 싶은

부모 내비게이션

아남 카라 지음

현명한 부모가 되고 싶은 대한민국의 부모님들과
이 책을 통해 작은 희망의 불씨를 같이 나누고 싶다.

추천사

　우리나라 대부분의 부모들은 자녀를 키우면서 자녀의 크고 작은 불안과 걱정까지도 끌어안는 경향이 심하다. 자녀가 세상을 두려워하고, 사회생활에 적응하지 못하겠다고 하고, 힘들고 어려워서 아무것도 못하겠다고 한다면 과연 부모로서 어떻게 대응해야 할까? 반대로 자녀가 좋은 대학에 들어가고, 좋은 직업을 가졌다고 해서, 많이 갖고 많이 누린다고 해서 행복한 자녀가 될 수 있을까? 어떻게 하면 자녀가 진정 행복한 어른으로 성장할까?

　부모가 사랑과 존중이라는 미명하에 자녀의 욕구를 무한정 다 들어주고, 자녀가 느낄 불편함을 미리 제거하고, 자녀가 스스로 해야 할 일을 나서서 해주면, 자녀는 점점 더 자기중심적인 사람이 되고, 자녀를 행복하게 해주려는 부모의 마음이 오히려 자녀에게 괴로움을 가중시키고, 자녀에게서 스스로 성장할 수 있는 기회를 박탈하는 일이 될 수 있다. 이 책에서 저자는 부모들에게 완벽한 부모가 되기보다 현명한 부모가 되라고 강조한다. 자녀에게 완벽하기를 요구하기보다 사랑으로 자녀를 돌보면서 부족한 부분을 수용하고, 보완하도록 도와주는 것이 현명한 부모의 자세라는 것이다.

결국 자녀는 부모가 낳았지만 자신이 마음대로 할 수 있는 부속물이 아니다. 부모인 자신이 살아오면서 못다 이룬 욕심이나 시행착오를 겪으면서 얻게 된 경험들을 무기 삼아 내 자녀만큼은 이렇게 키워야겠다고 생각하는 부모들이 많다. 하지만 세월은 흘렀고, 세상의 흐름은 괄목할 만하게 달라졌다. 지금은 부모 세대가 생각하던 세상이 아니다. 이 책은 공동체의 최소 단위인 가정에서 부모와 자녀의 의미를 되짚어보고, 어떠한 관계가 바람직한 부모 자녀의 관계인지에 대한 명확한 방향을 구체적으로 제시한다. 자녀가 진정으로 행복하게 살아가는 것을 목표로 한다면 반드시 이 책을 꼭 읽어보기를 바란다.

2024년 10월
편집위원 **김선희**

프롤로그

"나의 생각 항아리"

　사람들은 저마다 다른 인생길을 걷고 있다. 밝은 대낮의 평탄한 길을 걷는 사람도 있고, 어두운 밤에 가시덩굴 무성한 산길을 걷는 사람도 있다. 부모로부터 독립한 성인의 인생길은 어느 정도 자신의 선택과 의지가 반영된다. 하지만 자녀들은 긍정적이든, 부정적이든 부모에 의해 만들어진 초반 인생길을 걸을 수밖에 없다. 자녀가 부모를 바꿀 수 없으니 자녀에게는 부모에 의해 주어진 인생길 외에는 선택지가 없는 셈이다.

　어린 자녀에게 부모가 미치는 영향력은 절대적이다. 특

히 부정적인 영향력은 평생을 따라다닌다. 스스로 별도의 피나는 노력을 하지 않으면 부모의 부정성에 함몰된 자녀는 평생을 불행의 늪에서 허우적거리며 살게 된다. 물론 외향은 특별한 문제 없이 잘 살고 있는 듯 보이지만 내면에는 음습하고 어두운 자기 부정과 고통스러운 트라우마가 자리하고 있다. 이런 자기 부정과 트라우마는 자신의 삶 곳곳에서 역겨운 냄새를 뿜어낸다.

이런 부모의 부정적인 성향은 부모가 자신에게 물려주었던 것처럼 자신의 자녀에게 대물림된다. 부모를 부정하면서도 부모와 똑 닮은 자신을 어느 순간 발견하게 된다. 유전자만 대물림되는 것이 아니라 심리적 성향도 대물림된다. 부모에게 부정성을 물려받은 사람은 자신의 대에서 고통을 끊어내야 한다. 그렇지 않으면 심리적 부정성은 후손들에게 대물림되면서 자손들의 마음을 고통 속으로 몰아간다.

어릴 때 나는 말썽꾸러기 그 자체였다. 온갖 말썽을 피우고 다녀서 아버지는 "참 별종 맞다"라는 말을 자주 하셨다. 모범생이었던 형이나 누나에 비해 나는 동네 싸움꾼이었고, 수박 서리를 하다 들켜 주인이 집까지 쫓아오게 만든 그런 유별난 아이였다. 한 번은 한 살 많은 동네 형과 싸움이 붙어서 마을회관 시궁창에 처박은 일이 있었다. 동네 형과 부모님이 아버지에게 따지려고 집으로 들이닥쳤다. 난 집에 숨어 있었지만 아버지의 처지가 궁색했을 것 같다. 아버지 입장에서는 내가 우리 집 망신을 다 시킨다고 생각하셨을 것 같다. 지금 생각해보면 그 시절이 내 인생의 화양연화요, 리즈 시절이었던 것 같다.

초등학교 5학년 때, 나는 엄청난 삶의 변화와 마주한다. 어느 날 새벽 꽹과리 소리와 소란스러운 소리에 눈을 떴다. 사람들이 모여 있었다. 엄마가 중간에 있는데 이상한 옷을 입은 사람이 손으로 무언가를 흔들면서 엄마에게 소리치고 있었다. 엄마가 뭔가를 말했는데 엄마의 목소리가 아닌 기괴한 목소리가 흘러나왔다. 나중에 알고 보니 막냇동생을 낳고 산후우울증에 시달리던 엄마의 증세가 심해져서 아버지가 지푸라기라도 잡는 심정으로 무당 굿을 했던 것이다. 그날 이후로 내 인생은 파란색에서 검은색으로 급격하게 변해갔다.

동네 사람들은 우리 엄마가 미쳤다고 수군댔다. 무당굿을 하는데 귀신에 들려 기괴한 목소리를 내고 정신이 오락가락한다고도 했다. 12살 어린 내가 감당하기에는 너무 충격적인 이야기였다. 그 후로 인근 도시의 정신병원에 2년 정도 입원했던 어머니는 중학교 1학년 때 퇴원해서 집으로 돌아오셨다. 외할머니가 계시기는 했지만 어머니의 병환과 부재로 집안 분위기는 엉망이었다. 아버지는 항상 예민한 상태였고, 형과 누나가 도시로 공부하러 떠난 상황에서 나는 아버지의 심기를 거스르는 행동은 조심하면서 아버지를 기쁘게 해드리려고 애쓰고 있었다. 말썽꾸러기인 나는 금세 철이 들기 시작했고, 점차 조숙한 아이로 변해갔다.

병원에서 돌아온 어머니는 나에게 진절머리 처지는 일상을 맛보게 해줬다. 퇴원한 후 어머니는 두 달 주기로 울증과 조증이 반복되는 심한 조울증 증세를 보였다. 한 달은 기분이 점점 다운되다가 마지막 일주일은 내내 누워 계셨다. 나머지 한 달은 기분이 점점 업 되면서 감당하기 어려운 문제를 만들어내기 시작했다. 새벽 4시에 일어나 아침밥을 해놓고 다른 집에 가서 아침밥을 얻어먹고 오기도 하고, 장사를 한다면서 어디에서 구입했는지 모를 물건을 잔뜩 사가지고 와서 이 동네 저 동네를 돌아다니곤 했다.

타인의 평판을 중시하며 자존심 강했던 아버지에게 어머니의 행동은 매번 인내의 한계를 뛰어넘는 참을 수 없음이었다. 울증의 시기에는 그나마 나았지만 조증이 오는 한 달 동안은 내내 집안싸움이 이어졌다. 중학교 1학년 당시 학교에서 집으로 돌아오는 발걸음이 항상 무거웠다. 싸움은 저녁 식사 시간에도 이어졌고, 불안한 마음으로 저녁을 먹는 둥 마는 둥 나는 어둠이 깔려 있는 마을 뒷산으로 향했다. 저녁의 산은 고요하다. 지옥의 아수라장에서 방금 빠져나와 불안해하던 14살 꼬마에게 저녁의 고요함은 위로와 편안함을 선사해주었다.

뒷산에서 불안함이 가라앉고 마음이 진정되면 이상하게도 자기 연민이 몰려왔다. 내 처지가 한심하고 불쌍해 보였다. 갈 곳 없이 어두운 산에 혼자 덩그러니 있다 보면 눈물이 나오기 시작했다. 어디에도 하소연할 곳이 없고, 누구의 위로도 받을 수 없는 내 처지가 한없이 불쌍해 보였다. 당시에는 이 상황이 끝나지 않을 것 같은 두려움과 공포도 한몫했던 것 같다.

중학교를 다니면서 나는 항상 불안했다. 친구들과 주변 사람들이 어머니의 일을 혹시나 알까 봐 전전긍긍했다. 나는 언제부터인가 항상 밝게 웃는 아이가 돼 있었다. 나의 생긋생긋 웃는 모습 때문에 나에게 관심이 있나 하고 헷갈렸다는 중학교 여자 동창도 있는 걸 보면 밝게 웃는 연기는 성공적이었던 것 같다. 남들에게 내가 문제 있다는 사실을 알리고 싶지 않아서 더욱 명랑하고 밝은 아이로 나를 포장했던 것 같다.

어느 날은 친구들과 점심을 같이 먹으려고 점심 도시락을 열다가 마음이 덜컥 내려앉은 일이 생겼다. 도시락 뚜껑을 열었는데 전날 먹은 도시락을 잘 닦지 않고 밥을 싸서 전날 먹은 김치의 고춧가루가 그대로 밥에 배어 있었다. 도시락을 덮고 황급히 교실을 나와서 운동장 벤치에 앉았다.

친구들에게 들키지 않았다는 안도감도 잠시 다시 처량함이 몰려왔다. 아주 기본적인 것도 만족되지 않아서 불안해하고 있는 내 처지는 말로 표현하기 어려웠다. 점심을 굶으면서 혼자 운동장 벤치에 앉아 있던 14살의 나를 생각하면 지금도 가슴이 미어진다. 그 후로도 어머니의 조중 기간에는 점심시간에 벤치에서 혼자 있는 일이 늘어났다.

시골의 작은 중학교에서 나는 공부 잘하고 밝게 웃는 모범생으로 통했다. 내가 힘든 환경에 있었다고 생각하는 친구들은 거의 없었다. 오로지 혼자 견디고 감당하면서 철저하게 가면을 쓰고 살았기 때문에 가능한 일이었다. 가면을 쓰는 삶은 두 개의 분리된 세상으로 안내한다. 가면 쓴 세상과 가면 속 세상으로 말이다. 나중에는 어떤 게 진짜 내 모습인지 헷갈릴 정도로 이중성을 가지게 된다. 이런 과정이 지속되면 자아는 서서히 두 개로 분리된다.

고독했던 나의 어린 시절은 '나의 생각 항아리'의 배경을 만들어줬다. 뒷산에서 울던 14살 꼬마는 스스로에게 질문과 마음의 결심을 했다.
'우리 부모들은 왜 매일 싸울까?'
'인생을 행복하게 살려면 어떻게 해야 하는 걸까?'

'내가 느꼈던 이런 고독과 슬픔을 내 자녀에게는 느끼지 않게 해줘야겠다. 그렇게 하기 위해 나는 무엇을 해야 하나?'

'엄마의 부재는 가정을 풍비박산 나게 한다. 결혼을 한다면 배우자의 마음을 어떻게 잘 관리할 수 있을까?'

'조울증은 마음의 병일까? 울증과 조증은 왜 생기는 걸까?'

14살 꼬마가 어떻게 이런 생각을 할 수 있을까 하고 생각하는 사람들도 있을 것이다. 하지만 지독한 고독은 아이들을 빨리 성숙시킨다. 나의 생각 항아리의 핵심 원천은 뒷산에서 혼자 울던 14살의 고독한 아이의 왜라는 질문과 결심 속에 담겨 있다. 나머지는 질문의 답을 삶 속에서 찾아내고 구현하고 실행하는 시간이었다.

성인이 되면서 이런 질문에 답을 찾기 위해 부단히 노력했다. 주변 친구들과 대화를 통해서 답을 찾아보기도 하고 종교의 교리와 믿음을 통해서 답을 찾아보려고도 했다. 하지만 방대한 삶의 질문에 답을 찾기에는 한계가 있었다. 어둠이 깊게 깔린 인생 오솔길에서 넘어지고 가시에 찔리면서 나는 방향을 잃고 헤매고 있었다.

다시 정신을 차리고 삶의 방향을 잡은 것은 30대 초반이다. 서점에서 책을 보다가 문득 이런 생각이 들었다.
'책에서 내 삶의 길을 찾아야겠다.'

내가 궁금해하는 것은 누군가도 고민했을 것이니 책 속에서 답을 찾을 수 있겠다는 생각이 들었다. 답을 찾을 수 있겠다는 희망이 생기니 삶에 활력이 생겼다. 이제 내가 관심을 가지고 있는 책만 읽으면 되는 것이다. 나는 내 질문에 답을 찾기 위해 고대 경전, 종교, 역사, 신화, 진화, 철학, 심리, 경제, 물리, 뇌과학, 유전학 등의 책을 집중적으로 탐독해 들어갔다.

그런데 문제가 발생했다. 책에서 읽은 이론이 관념적이어서 일상의 삶과 괴리가 있다는 사실을 발견했다. 관념적 지식의 단편성이나 실생활에 적용할 수 없는 꿈은 나로 하여금 또 다른 접근을 하게 했다. 하나의 생각 항아리에 삶의 근본적 질문과 나의 결심, 책에서 읽은 다양한 분야의 지식, 삶에서의 적용 경험을 함께 넣어서 숙성시켜 나가는 방법이다.

생각 항아리에 들어간 내용물은 끊임없이 변화하고 진화해 나갔다. 자체적으로도 숙성되면서 변화해가지만 새로운 경험과 새로운 지식이 만나서도 변화하고 도약해 나갔다. 생각 항아리 속에 들어간 책의 이론들은 끊임없는 새로운 질문과 삶에서의 적용 경험 등과 버무려져 숙성되면서 점차 나만의 피가 되고, 살이 되어갔다.

생각 항아리 중에는 30년 숙성된 항아리도 있다. 30년 생각 항아리는 숙성된 종갓집 씨간장 같은 깊고 그윽한 맛을 낸다. 이 맛은 어디에서도 찾을 수 없는 유일한 맛이다. 들어간 재료는 같을지 몰라도 30년의 세월과 고통의 무게를 견디면서 세상 어디에도 없는 독특하고 진한 향기를 지닌 씨간장으로 거듭난 것이다.

이제 생각 항아리를 하나씩 풀어놓으려고 한다. 자녀에게 물려줄 요량으로 정돈하고 숙성시킨 생각 항아리였다. 생각 항아리를 개봉하려는 마음은 복잡 미묘하다. 생각 항아리에는 숙성된 생각의 씨간장도 있지만 어린 시절 나의 고독과 슬픔도 고스란히 담겨 있다. 생각 항아리를 개봉해 이야기를 쓰겠다는 생각만으로도 마음이 울컥한다. 14살 어린 자아의 고독과 슬픔 그리고 연민이 몰려온다. 길을 가다가도, 지하철에서도, 도서관에서 글을 쓰다가도 발작적으로 눈물이 흘러나온다. 꽁꽁 싸매두었던 고독과 슬픔이 사라지지 않고 나의 내면 어디에 숨어 있었던 것 같다.

생각 항아리를 글로 옮기면서 고독했던 나의 자아들에게 말해주고 싶다. 이제 그만해도 된다고. 이제 그만 고단한 삶의 무게를 내려놓아도 된다고. 이제 내려놓고 자유로워도 된다고. 이제 그만 문제 해결에 대한 집착을 멈추고 너의 삶을 온전히 즐기라고. 생각 항아리는 나의 보배이면서 고통의 근원지였던 것이다. 나의 고독했던 자아들이 생각 항아리 한 모퉁이에 웅크리고 있었던 것이다. 이제 과거의 고독했던 나를 놓아주고 싶다. 이제 자유로워도 된다고 말해주면서 순차적으로 생각 항아리의 뚜껑을 열 계획이다.

생각 항아리 속의 이야기는 자녀에게 유산으로 물려주

고 싶은 아빠 삶의 내적 정돈에 관한 이야기다. 안개 자욱한 고단한 인생길을 걸어온 나는 자녀에게 인생 내비게이션을 선물하고 싶었다. 내가 이 세상에 없더라도 자녀들이 고단한 삶의 고비마다 펼쳐보고 다시 힘을 내어 일상의 삶을 살아갈 수 있는 그런 삶의 안내서 말이다.

작년에 결혼한 나의 딸이 올해 자신과 꼭 닮은 딸을 낳았다. 나의 사랑하는 딸은 험난한 인생길에서 아빠와 같은 시행착오를 겪지 않으면서도 자녀의 인생 마라톤을 넉넉한 마음으로 후원할 수 있기를 기원해본다. 자녀에게 전해주고 싶었던 교훈과 통찰을 이야기들로 정돈해보려고 한다. 좋은 부모, 현명한 부모가 되고 싶지만 좋은 부모의 그림자에 눌려 힘든 마음을 견디고 있을 대한민국의 부모님들과 작은 희망의 불씨를 같이 나누고 싶다.

2024년 10월

지은이 **아남 카라**

목차

추천사 • 4
프롤로그 • 6

제1부. 사춘기 자녀

01. 사춘기는 뇌의 엑셀과 브레이크의 부조화 현상 • 22
02. 억압된 사춘기를 보내면 평생 사춘기를 앓을 수 있다 • 27
03. 반항하는 자녀보다 순종적인 자녀가 더 위험하다 • 32
04. 엄마, 아빠!! 제발 내 이야기 좀 들어줘요 • 38
05. 사춘기 자녀는 부모의 성숙을 위한 신의 선물 • 44

제2부. 원칙에 충실한 부모

01. 좋은 부모를 꿈꾸는 사람들의 빛과 그림자 • 54
02. 쿼렌시아로 삶을 안내하는 순수한 관심 • 67
03. 본질에 접근하기 위해 삐딱한 시선으로 세상 바라보기 • 71
04. 흙 속에서 인생의 진주를 찾는 혜안 갖추기 • 80
05. 북극성 같은 삶의 길잡이 되어주기 • 89

제3부. 통찰력 있는 부모

01. ADHD 등 자녀 문제를 부모가 주도적으로 해결해 나가기 • 100
02. 더불어 사는 세상에 필수 덕목인 갈등관리 능력 키워주기 • 106
03. 부모가 지하세계의 메두사일 수 있다 • 111
04. 극단적 상황에서 모드 전환하는 마음 근력 키우기 • 117
05. 가짜 뉴스와 선전선동 정보로부터 자녀를 보호하기 • 128

제4부. 자녀 경제

01. 아무도 자녀의 돈 공부를 시켜주지 않는다 • 140
02. 자녀가 어릴 때부터 부자 지능의 씨앗을 심어주자 • 147
03. 준비되지 않은 자녀에게 부모의 돈은 독사과 될 수 있다 • 154
04. 자녀의 시드머니를 긴 호흡을 가지고 준비해주자 • 162
05. 필수 재화와 욕망 재화로서의 돈의 이중성을 현명하게 관리하기 • 169

제5부. 자녀 연애

01. 자녀와 연애와 성에 대한 진솔한 대화 나누기 • 180
02. 자녀의 이성관계에 대한 경계선 명확히 하기 • 189
03. 좋은 연인을 선택하는 안목 길러주기 • 196
04. 결혼 안 한다는 자녀에 대한 지혜로운 대처 • 201
05. 데이트 폭력의 구조적 원인과 현명한 대응 • 205

사춘기 자녀의 많은 문제들에 대해 버릇을 고쳐주겠다는 마음을 가지기 이전에 사춘기는 뇌의 엑셀과 브레이크의 불균형에서 온다는 사실을 받아들이면 좀 더 차분하게 대응할 수 있다.

제1부

사춘기 자녀

사춘기는 뇌의 엑셀과
브레이크의 부조화 현상

　사춘기 자녀를 둔 부모들은 자녀의 전혀 예상치 못한 말과 행동에 마음 앓이가 심하다. 착하고 온순했던 자녀의 눈빛, 태도, 행동 등 모든 것이 심상치 않게 느껴진다. '내가 너를 어떻게 키웠는데' 하는 서운함이 점차 분노로 치닫곤 한다. 자녀의 버릇없는 행동에 욱하는 마음을 꾹꾹 누르다 보면 분노의 화살이 괜스레 배우자에게 향하기도 한다.

　부모들은 자녀의 버릇없는 눈빛, 말투, 행동 등에 어떤 방식으로 대해야 하는지 고민이 많다. 일일이 지적을 하자니 꼰대 부모라는 소리를 들으면서 갈등만 생길 것 같고, 그냥 지켜보고 있자니 사회에 나가서도 버릇없이 행동하면 어쩌나 하는 걱정이 앞선다.

사춘기 자녀의 돌발적인 행동에 대해 사회에 나가서 사람 구실을 할 수 있도록 버릇을 고쳐주겠다는 마음으로 접근하는 부모들이 있다. 아주 위험한 생각이다. 사소한 말다툼으로 언성이 높아진 엄마와 아들 사이에 아빠가 버릇을 고치겠다고 나서면 문제는 복잡해진다. 아빠의 개입은 감정싸움에서 신체적 충돌로 번질 수 있다.

아빠가 아들의 버릇을 고쳐보겠다고 손찌검을 하거나 심하게 매를 대면 아들도 야수의 본능을 가지고 아빠를 공격할 수 있다. 아들 자신도 통제할 수 없는 공격 본능이 나오는 것이다. 이렇게 육체적 충돌로 치달으면 아빠도 아들도 되돌릴 수 없는 마음의 상처를 얻게 된다.

현명한 부모라면 자녀가 흥분했을 때 버릇을 고치겠다는 생각보다는 흥분이 가라앉은 다음에 차분하게 대화를 시도하는 게 최선의 방법이다. 야생의 맹수는 길들여지지 않는다. 사춘기 자녀가 흥분해 있을 때는 야생의 맹수라고 생각하고 지켜봐 주는 게 좋다.

뇌과학 관련 책을 읽다가 문득 '사춘기 자녀의 문제는 뇌의 엑셀(편도체)과 브레이크(전두엽)의 불균형에서 오는구나' 하는 생각이 들었다. 분노와 공격성에 관여하는 편도체는 사춘기부터 왕성하게 활동하는 반면, 분노와 감정을 조절하는 전두엽은 평균적으로 스물네 살경에 기능이 완성된다. 사춘기에는 공격성의 편도체 엑셀은 제 기능을 발휘하는데 전두엽의 브레이크가 잘 안 밟히다 보니 감정이 폭주하는 것이다.

사춘기의 많은 문제가 미성숙한 뇌의 문제라는 생각에 심증이 굳어지니, 우리 아이들 사춘기 때 이 사실을 알았더라면 얼마나 좋았을까 하는 아쉬움이 커졌다. 이런 안타까움 때문인지 자녀의 사춘기로 고민하는 부모를 만나면 사춘기 문제를 뇌의 엑셀-브레이크의 비유를 들어 설명해주곤 했다.

부모들은 사춘기 자녀의 종잡을 수 없는 말과 행동이

평생 습관으로 자리 잡으면 어쩌나 하는 불안감을 가진다. 하지만 그런 언행이 일시적인 뇌의 엑셀과 브레이크의 불균형에서 발생한다는 사실을 받아들이면 자녀의 사춘기를 편안하게 지켜볼 수 있는 마음의 여유가 생긴다.

뇌의 엑셀과 브레이크 비유를 가족회의로 일상에 적용하고 있는 지인이 있다. 가족회의를 하다가 구성원의 감정선이 올라가면 작게 이야기하자면서 뇌의 엑셀이 과하게 밟힌 것을 상기시켜 준다고 한다. 이런 과정을 통해 가족 구성원들이 뇌의 엑셀과 브레이크를 잘 운용하고 있다는 이야기를 들려줬다. 이렇게 일상의 경험을 통해 뇌의 엑셀과 브레이크 작용을 경험하게 되면 좀 더 다양한 문제로의 적용 분야로 발전시켜 나갈 수 있다.

우리는 주변에서 한 번쯤 이런 이야기를 들어본 경험이 있다.
"그렇게 속을 썩이던 딸이 대학을 졸업하더니 철이 들었어."
"아들이 군대 다녀오더니 사람이 됐네."
전두엽의 기능이 활발해지는 스물네 살에는 뇌의 엑셀

과 브레이크의 균형이 잘 이루어지게 된다. 대학을 졸업하는 딸과 군대를 제대하는 아들이 철이 든 것처럼 보이는 것도 이 때문이다.

사춘기 자녀의 많은 문제들에 대해 버릇을 고쳐주겠다는 마음을 가지기 이전에 사춘기는 뇌의 엑셀과 브레이크의 불균형에서 온다는 사실을 받아들이면 좀 더 차분하게 대응할 수 있다. 사춘기 자녀 때문에 마음 앓이가 심한 부모들에게 시간이 지나면 뇌의 엑셀과 브레이크의 균형이 잘 잡히니 걱정하지 않아도 된다고 말해주고 싶다.

억압된 사춘기를 보내면
평생 사춘기를 앓을 수 있다

 어른 중에 사춘기 자녀들이 보일 것 같은 행동을 하는 사람들이 있다. 어른이 되어서도 사춘기 때 보이는 의존적이고 자기중심적 행동을 보인다. 사춘기를 잘 보내지 못한 성인에게 주로 나타나는 현상이다. 자의건 타의건 사춘기의 압력을 외부로 적절히 분출해 내지 못하고 억압되면 분출 욕구는 결핍이 되어 평생 사춘기 성인으로 살아가게 된다.

 물론 이런 사실은 학문적 임상적으로 규명되지 않았고, 나타난 현상들의 관찰과 추론에 의존한 것이다. 어른이 되어서도 지속적으로 사춘기를 겪는 사례는 여성보다 남성에게서 많이 나타난다. 한국 사회가 여성보다는 남성에게 강하게 커야 된다고 책임감의 압력이 강하기 때문인 것으로 보인다.

출생하면서 어머니와 육체적인 분리가 이루어졌다면 사춘기 소년은 투쟁, 반항, 자기주장 등을 통해 어머니와 심리적인 분리를 시도한다. 이런 어머니와의 심리적 분리 과정이 원활하게 진행된 사춘기 소년은 건강하고 독립적인 정체성을 만들면서 자신만의 영웅신화를 만들기 위한 인생 모험을 시작한다.

그런데 어머니와의 심리적 분리 과정이 억압된 사춘기 소년은 어머니로부터 독립하지 못하면서 심리적 성장이 멈춘 자기중심적이고 의존적인 성인으로 평생을 살아간다. 이런 사춘기 성인은 어머니에 대한 의존성과 억압된 과정에서 만들어진 어머니에 대한 분노가 동시에 존재한다.

사춘기 성인은 결혼 이후에는 배우자에게 어머니의 역

할을 끊임없이 요구하고, 이런 자신의 요구가 충족되지 않으면 어머니에게 눌려 있던 감정을 배우자에게 분출한다. 때로 어머니에게 가지고 있던 분노가 폭발하면서 부인에게 폭력적인 성향을 보이기도 한다. 어머니에게 가지고 있던 양가적 감정을 배우자에게 그대로 투사하는 것이다.

사춘기 성인은 배우자의 상황이나 입장을 고려하지 않고 자기중심적인 요구를 지속한다. 이런 성향은 배우자를 지치게 하면서 결혼생활을 갈등과 불화의 장으로 만들어 간다. 배우자는 남편의 이런 성향을 원래 이기적인 사람이라고 생각할 수 있는데 사춘기 시절의 억압에서 만들어진 미성숙함이다.

또한 사춘기에 만들어져야 하는 남성 정체성이나 주인의식을 만들지 못한 사춘기 성인은 외부의 환경 변화나 위협이 생기면 미성숙한 소년처럼 배우자 뒤에 숨어버린다. 가장으로서 문제를 해결해야 되는 상황에서도 문제를 회피하면서 현재의 고통을 피하고자 한다. 사춘기 성인의 문제 회피 심리는 우울증, 불안증 등 신체적인 자기방어로 표출되기도 한다.

많은 부부들이 부부 갈등의 근원을 잘 모른 채 배우자의 현재 문제만을 보면서 갈등을 키워간다. 사춘기 성인의 문제도 마찬가지다. 나의 남편의 성향이 이기적이고, 의존적이며, 분노를 표출하는 사람이라고 생각하면 한시도 같이 살고 싶지 않을 것 같다. 하지만 사춘기 성인의 문제는 사춘기 억압이 문제다.

남편이 사춘기 성인에 대한 특성을 보인다면 남편의 성장 과정에 대한 대화를 충분히 나누어 보고, 필요하면 전문가의 도움을 받아 상담 치료를 시작해야 한다. 남편 스스로도 자신의 문제가 성격적인 문제라기보다는 사춘기의 억압이 만들어낸 문제라고 분명히 인식하고 어머니에게 가지고 있던 억압된 감정을 배우자에게 투사하는 행동을 자제해야 한다.

부모에 의해 사춘기가 억압되거나 자기 스스로 사춘기의 분출 압력을 참아내면 평생을 미성숙한 사춘기 소년으로 살아가게 된다. 그래서 사춘기를 단순히 반항하는 아이들의 문제로 보지 말고 독립적이고 자기 주도적인 건강한 성인으로 가는 과정이라고 인식해야 한다. 부모들이 자녀의 사춘기를 건강하게 잘 보낼 수 있도록 도와줘야만 자녀가 건강한 성인이 되어 행복한 가정을 꾸려 나갈 수 있다.

반항하는 자녀보다 순종적인 자녀가 더 위험하다

사춘기 자녀를 둔 부모를 만나서 이야기하다 보면 이런 말을 종종 듣는다.

"첫째는 모범생이고 고분고분 말도 잘 들었는데 둘째는 왜 그런지 모르겠네요. 너무 힘이 들어요. 하루하루가 전쟁이네요."

"첫째 딸과는 사춘기 전쟁을 치렀는데 둘째 아들은 별 문제가 없어요. 근데 요즘 왠지 학업에 집중하지 못하는 것 같아요."

"반항하는 자녀가 순종적인 자녀보다 정신적으로 더 건강합니다. 순종적이고 말 잘 듣는 자녀가 더 문제랍니다.

부모에게 정신적으로 함몰되어 마음의 장애로 나타나는 경우가 종종 있습니다."

이런 말에 놀라는 부모들이 많다. 그러나 자녀의 행동과 마음을 조금만 신경 써서 살펴본다면 바로 이해가 될 만한 이야기다.

사춘기는 성인이 되기 위한 홀로서기 연습 과정이다. 사춘기를 잘 보내야 건강한 성인이 된다. 자녀가 사춘기를 슬기롭게 넘어갈 수 있도록 현명한 심적 배려를 해줘야 한다.

사춘기 때 자신의 입지와 공간을 마련하기 위해 치열하게 부모와 투쟁한 자녀는 정신적으로는 건강하다. 부모와 자식 간에 마음의 상처가 남을 수 있지만, 결국에는 서로 적당한 선을 찾게 되고 갈등하면서 서로의 마음을 깊게 이해하게 된다. 그래서 반항하고 치열하게 투쟁하는 사춘기 자녀는 큰 문제가 되지 않는다. 살길을 찾으려는 자기만의 방법인 것이다. 부모가 조금만 자녀를 이해해주면 시간이 지나 모든 게 잘 정돈된다.

잘 크고 있다고, 문제없다고 생각하고 있는 순종적인 자녀의 행동과 마음을 다시 한번 잘 살펴보자. 교우관계, 학교생활, 자존감, 자율성, 행복감, 불안증, 강박증, 수동적 반항 등의 지표를 생각하면서 유심히 살펴보면 자녀의 현재 상태를 파악할 수 있다. 이런 파악이 어렵다면 상담센터를 통해 가볍게 상담을 받아보는 것도 좋다.

순종적인 자녀들의 이슈를 사례 중심으로 살펴보기로 하자. 먼저 내향적 성격의 장남 사례를 살펴보자. 한국에서 첫째는 미숙한 초보 부모의 억제되지 않는 기대와 요구에 노출되어 있는 경우가 많다. 첫째라도 자신의 주장이 강하고 외향적인 자녀는 부모와의 갈등을 통해 부모의 기대와 요구를 적당한 선에서 수용하는 타협점을 만들어낸다. 이런 과정에서 자기 살길을 마련하는 것이다.

그런데 소극적이고 자기주장이 약한 첫째의 경우에는 부모의 끝없는 기대와 요구에 함몰되는 경우가 많다. 부모를 만족시키고 기쁘게 해주려고 애쓰다가 스스로 무너져 내리는 착하고 모범적인 첫째가 돼가는 것이다. 이런 노력이 임계치를 넘어가면 우울증과 신경증 등이 찾아온다. 부모의 기대에 부응하고자 노력하다가 에너지를 모두 소진하면 우울증이 찾아오고, 부모를 실망시키지 않겠다는 강박이 심하면 신경증이 온다. 보통 고등학교 2학년 때 찾아오는 경우가 많고, 대학교 때 찾아오는 경우도 많다.

마음의 병이 심하게 와서 학업 등을 모두 중단해야 하는 경우나 사회생활 자체가 어려운 경우도 주변에서 자주 목격된다. 병원에 갈 정도로 심한 경우가 아니어도 부모에게 수동적인 불만과 반항이 깊게 자리한 경우가 많다.

소극적인 첫째들을 잘 살펴보면 성인이 되어 부모와의 관계가 안 좋은 경우가 의외로 많다. 부모의 기대와 요구를 받아들였지만 심적으로는 매우 부담스러웠던 것이다. 반항하고 싶었지만 용기가 없거나 부모를 실망시키고 싶지 않아 꾹꾹 참은 것이다. 마음에 불만과 반항이 쌓여 있는 것이다.

성인이 되면서 부모와 같이 있거나 대화하는 것이 왠지 불편해진다. 부모와 이야기하다 자기도 모르게 분노가 치밀어 오르면 깜짝 놀라게 된다. 본인도 마음 깊숙이 쌓여 있는 불만과 분노를 눈치채지 못하는 경우가 많기 때문이다. 이렇게 쌓여 있는 심적 불편함과 결혼 후의 갈등 등이 겹치면 부모와 의절하거나 관계가 서먹서먹해지는 경우가 많다.

첫째가 반항적으로 사춘기를 보내면서 전쟁 같은 집안 분위기를 경험한 소극적인 둘째 자녀는 부모를 기쁘게 해드리기 위해 자신의 사춘기 충동을 억제한다. 이런 경우 자신의 본능과 욕구를 억누르면서 무기력한 상태에 빠지거나 저강도의 불안, 강박 등의 증상을 보이는 경우가 있다. 그냥 집중을 못하고 힘들어하는 정도로 생각할 수 있다.

큰 문제 없이 잘 지내고 있다고 생각할 수 있지만 참고 억누르는 힘든 감정을 해소시켜 주지 않으면 평생을 불안증과 강박증을 가지고 살아갈 수 있다. 평소에 교우관계가 원만하고 학교생활에 잘 적응하고 있는지, 불안증, 틱장애, 주의력 결핍 등을 보이지 않는지 주의 깊게 살펴볼 필요가 있다.

언급한 사례들은 부모 말을 잘 듣고, 말썽을 피우지 않고, 사춘기를 문제없이 잘 넘어가고 있다고 생각하는 소극적인 자녀에게 주로 나타나는 경향이 있다.

자신의 심적 공간과 독립성을 확보하기 위해 거칠게 반항하는 자녀는 마음과 정신이 건강하다. 내적 자존감과 독립성을 가진 건강한 성인으로 잘 커가고 있는 것이다. 당장은 부모 마음이 힘들고 배신감이 들겠지만 생각을 바꿔 감사한 마음을 가지자. 부모에게 함몰되거나 자신을 억압해서 평생 마음과 정신적 장애를 갖고 살아가지 않으니 얼마나 기쁘고 다행한 일인가.

이 글을 보고 있는 사춘기 부모에게 "반항하는 자녀보다 순종적인 자녀가 더 위험하다"라는 말을 해주고 싶다.

엄마, 아빠!!
제발 내 이야기 좀 들어줘요

    자녀는 부모에게 자신의 이야기를 하고 싶어 한다. 자신이 좋아하는 아이돌 이야기, 자신이 좋아하는 Game 이야기, 유튜브에서 알게 된 새로운 이야기, 친구 이야기, 좋아하는 이성친구 이야기, 자신의 꿈 등 부모에게 하고 싶은 이야기가 참 많다.

    하지만 부모의 관심은 온통 공부와 성적 이야기뿐이다.
"학기 말 시험 성적은 몇 등이니?"
"영어 레벨은 얼마나 올랐냐?"
"고종사촌 형은 전교 1등을 했다는데, 너는 반에서도 10

둥 안에도 못 드니?"

부모님이 시작한 대화는 공부 이야기로 시작해서 결론은 그런 식으로 공부하면 인서울도 못한다는 말로 끝을 맺는다.

자녀들은 하고 싶은 이야기가 많지만 입을 다문다. 입을 열어서 자신의 이야기를 하려면 공부는 안 하고 쓸데없는 데 관심을 둔다고 핀잔 듣기 일쑤다. 부모님은 왜 이렇게 공부와 성적에만 관심을 보이는지 이해가 안 된다. 엄마는 거실에 앉아 있지만 끊임없이 자녀가 공부하는지 자녀 방을 살피고 있어서 감시받고 있다는 느낌이 든다.

자녀는 엄마의 눈을 피해 독서실로 피신한다. 공부한다고 독서실에 왔지만 공부하기는 싫다. 자신이 좋아하는 아이돌의 음악을 듣고, 관심 있는 유튜버의 영상을 보면서 하루를 보낸다. 저녁에는 친구들과 만나 노래방에 갈 예정이다. 엄마는 자녀가 독서실에서 열심히 공부하고 있다고 생각하겠지만 학교에서도, 학원에서도, 독서실에서도 공부는 하지 않는다. 그냥 공부하는 척 자리에 앉아 있을 뿐이다.

자녀들은 세상일에 호기심이 많아서 궁금증이 해소되지 않으면 집중력을 요하는 공부에 몰입하기 어렵다. 다른 통로를 모두 막고 공부하라고 강요하면 할수록 자녀들은 공부와 멀어진다. 재미있는 것이 이렇게 많은데 공부를 하고 싶은 학생이 어디 있겠는가 말이다. 부모는 자녀가 가지고 있는 다양한 호기심을 해소할 수 있는 통로를 열어줘야 한다. 그렇지 않으면 자녀들은 호기심을 음지에서 해결할 수밖에 없다.

자녀가 부모에게 가장 하고 싶어 하지만 정작 하지 못하는 이야기가 자신을 구해달라는 SOS 구조 신호일 것이다. 자녀는 차마 말을 꺼내지는 못하지만 끊임없는 구조 신호를 보낸다. 부모는 자녀가 보내는 이런 구조 신호를 놓치지 말고 잘 포착해야 한다.

평소에 자녀를 유심히 지켜보고 있다면 이런 구조 신호를 포착할 수 있다. 학업 스트레스로 우울한 감정에 시달리고 있지는 않은지, 학교에서 지속적인 따돌림과 왕따를 당해서 자살 충동을 느끼고 있는지, 음란 동영상에 중독되어 심리적으로 허우적대고 있는지 등을 부모는 잘 캐치해야만 한다.

부모가 자녀를 좀 더 적극적으로 보호하고 돌보고 싶다면 위에서 언급한 위험 상황에 대해 자연스럽게 자녀와 대화를 시도해보자. 평소에 자녀에게 이런 위험 상황이 발생하는 원인과 자녀가 대응하는 방법을 설명해주면 많은 도움이 된다. 위험 상황에서 부모가 어떤 도움을 줄 수 있고, 역할을 해줄 수 있는지를 자녀에게 명확하게 인식시켜 주자. 자녀가 아무 관심도 없고, 듣고 있지 않은 듯해도 듣고 있다고 보면 된다. 부모의 이런 주의 깊고, 세심한 배려가 자녀를 위기 상황에서 구해낼 수 있다.

평소에 자녀의 자존감과 회복 탄력성을 키워줄 수 있는 책을 선정해 부모와 같이 읽어보고 독서토론을 해보는 것도 좋은 방법이다. 책을 읽으면서 책의 저자가 안내해주는 내용을 토대로 자녀와 대화를 나누어 보면 자녀의 현재 심리 상태를 파악할 수 있다.

자녀가 심리적으로 위축되어 있거나 정서적인 불안정 상태에 있다면 전문상담사를 통해 상담을 받아봐야 한다.

상담은 문제가 생겼을 때 받는 게 아니라 문제를 미연에 방지하기 위한 예방 수단이다. 상담사들은 부모로 인해 생긴 문제나 부모가 다루기 힘든 주제에 대해서 도움을 줄 수 있다.

자녀와의 관계에서 가장 중요한 것은 자녀의 입장에서 자녀의 이야기에 귀 기울여주는 것이다. 부모는 자녀를 잘 안다고 착각하며 살고 있다. 자녀가 부모에게 보여주는 모습과 친구들과 있을 때 모습이 다른 경우가 많다. 집에서는 예의 바르고, 욕설은 입에 담지도 않던 자녀가 친구들과 심한 욕설을 하는 모습을 우연히 목격하고 충격을 받는 부모도 많다.

자녀는 부모와의 관계에서 부모가 원하는 모범적이고 성실한 자녀 역할의 가면을 쓴다. 자녀 역할의 가면 뒤에 있는 자녀의 본모습을 보고 싶다면 자녀의 마음을 잘 알아야 한다. 자녀가 어떤 말과 행동을 할 때 무시하거나 흘리지 말고 관심을 가지고 적극적으로 다가서자.

자녀는 부모와 소통하고 싶어 한다. 자녀의 공부와 성

적에만 관심을 가지지 말고, 자녀의 마음을 받아주고 이해해주자. 이런 부모에게서 문제나 극단적 선택을 하는 자녀는 나오지 않는다. 자녀의 문제는 부모의 문제인 경우가 대부분이다. 평소에 자녀의 마음과 목소리에 귀를 기울여서 자녀 문제에서 소 잃고 외양간 고치는 우를 범하지 않기를 바란다.

사춘기 자녀는
부모의 성숙을 위한 신의 선물

우리는 살면서 다양한 고통과 마주한다. 고통은 피할 수 있는 고통과 피할 수 없는 고통이 있는데 대부분의 사람들은 고통을 피할 수만 있다면 피하고 싶어 한다. 경험상 고통을 피하면 두려움으로 남게 되고, 마주해서 이겨내면 성숙이란 선물로 돌아오는 것 같다.

사춘기 자녀로 인한 관계의 고통은 막다른 골목에 다다른 쫓기는 사람의 마음과 같다. 피해 갈 수 있는 길이 보이지 않는 막막함과 마주하고 있는 높은 고통의 벽을 부모 혼자서 힘겹게 기어 올라가야 하는 한 가지 선택지만 주어진다.

15년 전쯤 막걸리 한 잔을 앞에 두고 광화문 주점에서 아내와 마주 앉은 나는 하염없이 눈물이 흘러내렸다. 가슴이 답답하고 숨이 잘 쉬어지지 않았다. '너의 실패를 이제 그만 인정해라'라는 내면의 속삭임이 들려왔다. 오랜 시간 어렵게 정돈해 온 자녀교육의 원칙들이 눈앞에서 힘없이 무너져 내리고 있었다. 피할 수만 있다면 피하고 싶었지만 피할 수 없는 높은 고통의 벽과 마주한 것이다.

보통 우리는 어려움에 부닥쳐 길을 잃었을 때 부모를 떠올린다. 어려움과 문제를 부모에게 털어놓고 마음의 위로와 해결책을 듣고 싶어 한다. 하지만 나는 아버지와 인생의 주요 문제를 상의하지 않았다. 삶의 중요한 순간순간 내 스스로 판단하고, 아버지께 결정된 결과만 말씀드렸다. 왜 난 나의 문제를 아버지와 상의하지 않았을까? 완벽을 추구하시는 아버지께 나의 실패와 무능을 이야기하고 싶지 않았다. 아버지의 실망 가득한 눈빛에 대한 두려움 때문이었다.

아버지와 대화가 어려웠던 원인에 대해 깊이 생각하면서 나는 자녀와 정서적 공감을 할 수 있는 아빠가 되고 싶었다. 조금 더 솔직하게 말하면 정서적 결핍을 대물림하고 싶지 않았다. 육체적 결핍보다 파괴적인 정서적 결핍의 고리를 끊어내고 정서적 풍요로움을 자녀에게 물려주고 싶었다. 이런 생각은 정서적 공감에 대한 경험이 없는 나에게는 새로운 모험이며, 큰 도전이었다. 마음의 구조와 이치를 논하는 심리학에 몰두하면서 겉으로 잘 드러나지 않는 깊고 복잡한 마음의 심연이 있다는 사실도 알게 되었다.

오랜 시간을 나의 마음과 아버지의 마음 그리고 어머니의 마음 등을 들여다보면서 마음의 심연에 대한 탐구를 지속해왔고, 그 과정에서 이런 생각들이 떠올랐다.

'타인을 모르는 것은 나의 마음을 모르기 때문인 것 같다.'

'타인을 이해하기 위해서는 나의 욕망, 콤플렉스, 트라우마를 이해해야 한다.'

나의 마음을 알아야 자녀의 마음을 이해할 수 있고, 자녀의 마음을 알아야 자녀의 마음 본질과 대화의 본질에 도

달할 수 있다는 사실이다. 화를 내고 있는 마음 아래에 불안과 두려움이 가득하다는 사실과 반항하고 있지만 관심과 사랑을 달라고 울부짖고 있다는 사실도 이해하게 되었다.

우리가 살아가면서 마주하는 많은 현상은 진실과 정반대를 가리키는 경우가 많다. 이런 보이는 현상에 대한 잘못된 접근은 우리를 좌절하게 만든다. 특히 사랑하는 관계인 부자관계, 부부관계, 연인관계 등에서 이런 왜곡은 심각하게 일어난다. 숨겨진 진실은 시간이 흐른 뒤에 모습을 드러내지만, 드러난 진실은 사람들에게 연민과 깊은 슬픔만을 남기면서 스스로 문학과 예술로 승화되곤 한다.

마음공부를 하고, 마음의 구조에 대한 이해가 깊어지면서, 주변의 지인들을 상담해주고, 지인 자녀의 멘토 역할을 하기도 했다. 내가 이해하게 된 마음의 진실이 일상적 삶에도 잘 들어맞는지 확인하면서 모든 사람에게 적용 가능한 일반화된 원칙을 만들고 싶었다. 또한 내 입장에서는 자녀와의 대화를 위한 예행연습이기도 했다.

시간이 흐르면서 마음의 확신이 서게 되고, 이런 마음은 자만심으로 이어졌다. 타인과 타인의 자녀에게 하는 것을 나의 자녀에게 못할 게 뭐가 있는가! 내가 자녀를 잘 아는데 내가 자녀의 멘토로 최적이 아닌가! 나는 자녀의 상담자이자 자녀의 정신적 멘토가 되고 싶었던 것 같다. 금단의 사과에 손을 내밀었던 것이다.

이론적 틀도 잘 준비했고, 실전 훈련도 충분히 했다고 생각했지만 사각의 링에서 마주한 사춘기 딸은 처음부터 나를 압도하면서 점차 나를 그로기 상태로 몰아갔다. 생각지도 못했던 각도에서 잽과 스트레이트가 날라왔고, 많은 학습과 사전 훈련은 실전에서는 힘을 쓰지 못했다.

딸을 잘 알고 있다고 생각했는데 착각이었다. 내가 알고 있던 딸은 현실의 딸이 아니라 내가 만든 환상 속의 미화된 딸이었다. 상대를 제대로 파악하지 못하고 링에 올랐으니 고전하는 것은 당연했다. 냉정을 유지하고 링 위에서 상대를 파악하면서 대응방안을 찾고자 했지만 누적된 잽과 스트레이트에 나는 이미 냉정함을 잃고 있었다. 상담과 멘토링에 필요한 침착함과 객관적 시각을 잃어버린 상태였다.

광화문 술집에서 나는 KO패를 인정해야만 했다. 내가 많은 시간과 공을 들여 준비했고, 당연히 이길 거라고 생각했던 딸과의 사춘기 게임에서 나는 제대로 손 한 번 써보지 못하고 KO패를 당한 것이었다. 딸에 대한 나의 욕망을 너무 간과했고, 사춘기 딸을 객관화하는 데 실패한 것이 원인이었다. KO를 인정하기는 참으로 고통스러웠다.

할 수만 있다면 고통을 피하고 싶었다. 참담하고 고통스러웠다. 기나긴 시간의 마음 다잡음, 고민, 노력이 실패했음을 인정하고 받아들여야 하는 시간과 마주하고 있었다. 글로브를 집어던지고 권투를 포기하고 싶었다. 부녀관계가 아닌 다른 관계였다면 나는 그 관계를 당장 끝냈을 것이다. 부부관계에는 이혼이란 피할 수 있는 대안이 있는데 부녀관계는 피난처가 없다. 그래서 부모들은 고통을 고스란히 안고 고통의 벽을 타고 오를 수밖에 없다.

피할 수 없는 고통은 사람을 성숙시킨다. 마음을 가라앉히고 나의 실패를 복기해보았다. 일단 욕심이 너무 과했다는 생각이 들었다. 딸의 상담가나 딸의 멘토가 되겠다는 생각을 내려놓았다. 그냥 아빠로 돌아가기로 했다. 아빠로 지켜보기로 했다. 앞에서 끌지 않고 힘들어하면 뒤에서 살짝 밀어주는 그런 아빠로 돌아가서 딸이 손을 내밀기 전까지는 나서지 않겠다고 다짐하면서 지켜보기로 했다.

방임하지 않으면서 자녀를 지켜본다는 것은 많은 인내심을 필요로 한다. 내가 나서면 바로 해결될 수 있는 문제나 사안을 지켜보는 것과 힘들어하는 자녀를 보면서 자녀가 손을 내밀기까지 기다려 준다는 것은 참으로 엄청난 인내심을 필요로 한다. 자녀의 고통과 불안감이 나에게 고스란히 전달된다.

주변을 살펴보면 결혼한 사람이 결혼하지 않은 사람보다, 자녀를 키워본 사람이 키워보지 않은 사람보다 좀 더 성숙한 경우를 보게 된다. 결혼생활에서 자녀를 키우면서 잽을 맞아본 사람은 '세상에 어떻게 이런 일이 있을 수 있어?' 하면서 호들갑을 떨지 않는다. 다양한 각도에서 날아오는 잽을 맞아본 사람은 마음이 덤덤하다.

사춘기 자녀를 키우고 있는 부모들은 하루에도 몇 번씩 무너지는 가슴을 부여잡고 불면의 밤을 지새운다. 정말 피할 수만 있다면 포기하고 싶고, 자녀와 치루는 사춘기 게임의 링에서 내려올 수만 있다면 글로브를 끼고 있는 부모라는 그것을 던지고 싶을 것이다.

나의 딸이 어느덧 결혼해서 자신을 닮은 딸을 낳았다. 내가 할아버지가 된 것이다. 최근에 나는 문득 '사춘기 자녀는 부모의 성숙을 위한 신의 선물 같다'라는 생각이 들었다.

딸과 피할 수 없는 사춘기 게임을 하면서 나는 나의 부모를 진정 이해하게 되었고, 세상의 이치를 좀 더 깨우치면서 성숙해진 것 같다. 미성숙한 우리는 결혼생활에서 배우자를 통해 1차로 성숙하고, 피할 수 없는 자녀를 통해 성숙을 완성해 나가는 것 같다. 동양의 영적 선지자들은 신의 모습을 닮은 성숙이 완성되면 우리는 신과 함께하는 본향으로 돌아가는 죽음을 맞이한다고 한다. 사춘기 자녀는 미성숙한 부모를 성숙시키기 위해 신이 예비한 선물인 것이다.

부모가 자녀의 순수한 관심을 통제하기 시작하면 아이에게는 목적 있는 행동만 남게 된다. 부모의 이런 행동은 자녀의 숨구멍을 막아서 자녀의 휴식처를 없애버릴 수 있다.

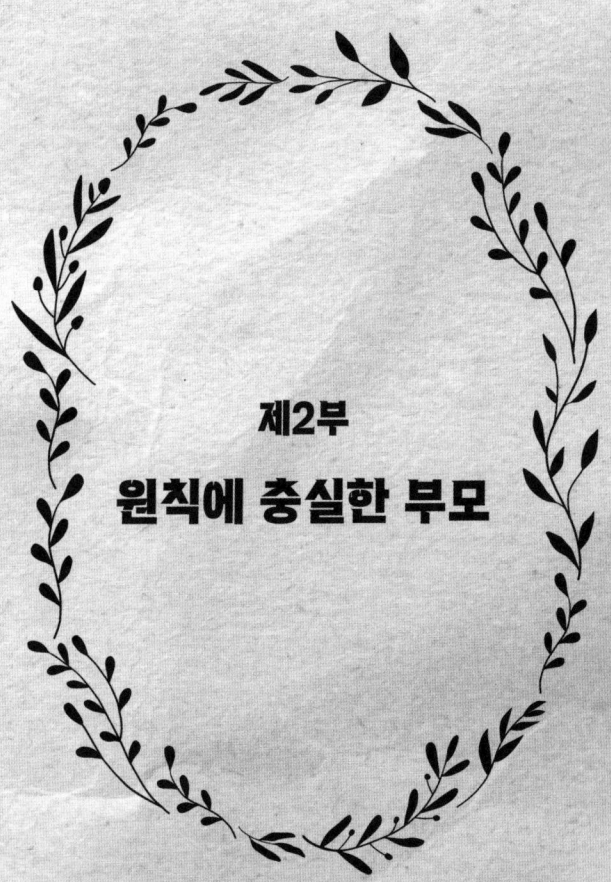

제2부

원칙에 충실한 부모

좋은 부모를 꿈꾸는 사람들의
빛과 그림자

세상의 모든 부모는 예외 없이 좋은 부모를 꿈꾼다. 하지만 현실 속에서, 좋은 부모는 한 걸음 다가서면 두 걸음 멀어지는 짝사랑 여인처럼 느껴진다. 많은 부모들이 자신을 희생하면서까지 자녀를 위해 살아가지만 의외로 좋은 부모와 반대의 길을 걸어가곤 한다. 우리는 좋은 부모를 꿈꾸면서도 자녀에게 상처를 주고 있는 일상 속 현실 부모로 살아가고 있다.

좋은 부모가 되는 법은 의외로 단순하다. 좋은 부모를 만나면 자녀에게도 좋은 부모가 될 수 있다. 스미듯 사랑을 전하는 마음, 정감 있는 대화, 미래를 이끌어 주는 혜안, 갈등을 풀어가는 지혜, 검소하고 겸손한 태도 등 좋은 부모의 모습은 일상의 삶을 통해 자녀에게 자연스럽게 전해진다. 자녀는 부모의 생각과 행동을 모방하면서 은연중에 부모를 닮아간다. 어느 날 문득 거울을 바라보면 자신의 눈빛, 표정 등 분위기가 부모와 참 많이도 닮았구나 하는 생각이 든다.

그렇다면 부모를 통해 좋은 부모의 역할을 배우지 못한 사람은 좋은 부모가 될 수 없는 걸까? 냉정하게 그렇다고 말하고 싶지만 희망을 가지자는 의미에서 "좋은 부모가 되는 건 어렵지만 불가능한 건 아니다"라고 말해주고 싶다. 좋은 부모를 만난 사람도, 그렇지 못한 사람도 부모로부터 다양한 마음의 결핍과 상처를 받으면서 성장한다. 장남과 차남의 형제간 차별, 아들과 딸의 성차별, 채워지지 않는 부모의 인정과 사랑, 부모의 폭언과 폭행, 부모의 싸움과 갈등, 경제적 어려움, 편부모 슬하 등 열거하기조차 힘들 정도의 다양한 청소년기의 결핍과 상처가 존재한다. 다만 좋은 부모는 '진솔한 대화를 통한 자기 고백' 등의 방법을 통해 자녀가 스스로 마음의 상처를 해소할 수 있는 통로를 만들어준다.

 좋은 부모는 빛과 그림자를 가진다. 좋은 부모의 빛과 그림자는 자신의 꼬리를 물고 있는 뱀 우로보스를 연상케 한다. 빛은 그림자를 물고 있고, 그림자는 빛으로 연결되어 있다. 청소년기 결핍과 상처는 미성숙한 상태로 마음의 심연에 고스란히 남아 있다. 부모와의 관계에서 마음에 깊은 상처를 가진 사람은 내면의 결핍인 그림자가 현실의 빛인 욕망으로 전환되어 좋은 부모가 되기를 욕망한다. 좋은 부모를 욕망하게 된 사람은 자기 강화를 통해 욕망을 극단으로 몰아가게 되고, 좋은 부모의 그림자도 덩달아 강력해진다.

 우여곡절이 많은 초반 인생을 살아온 나는 좋은 부모가 되고 싶은 마음이 간절했다. 유년기 어머니의 조울증이 만들어낸 부모의 부정성을 끊어내고 자녀에게 행복한 인생을 선물하고 싶었다. 어찌 보면 14살 어린 소년의 고민과 다짐의 완결판이 좋은 부모였던 것이다.

 나는 자연스럽게 좋은 부모란 도대체 어떤 부모를 말하

는가에 대한 생각을 오랫동안 이어왔다. 그리고 나름 자녀의 성장 단계에 맞추어 3가지 관점에서 좋은 부모를 정의해보았다.

첫째, 학창 시절
꿈을 펼칠 수 있는 최상의 교육환경 제공

둘째, 청년기
자녀의 진로와 삶을 지혜롭게 이끌어줄 인생 멘토 역할

셋째, 성년기
삶의 희로애락을 같이 나눌 수 있는 인생의 대화 친구

첫째, 최상의 교육환경 제공
첫째인 딸이 신도시에서 초등학교를 다닐 때까지만 해도 최상의 교육환경 제공은 유토피아가 아닌 손을 조금만 더 내밀면 닿을 그런 거리로 느껴졌다. 아직 사춘기에 접어들지 않아 아빠를 잘 따르는 딸과 목가적인 여유로움이 느껴지는 집 앞의 중앙공원이 그런 환상을 품게 해준 것 같다. 딸이 초등학교 5학년 때 우리 가족은 신도시의 여유로움을 뒤로하고 좀 더 좋은 교육환경을 제공한다는 교육의 메카를 찾아 이사했다. 하지만 교육 메카로의 진입은 우리 가족에게 행복 끝, 고통 시작의 험난한 여정을 맛보게 해주었다.

딸이 고1 때 교육 메카라는 산에서 내려오기까지 딸과 길고 긴 자녀교육 전쟁을 치렀다. 중학교 1학년 때 받아온 아이의 첫 성적표는 내가 얼마나 성과 지향적인 사람인지를 여실히 보여줬고, 어느덧 자녀교육에 몰빵하는 펭귄 아빠가 되어 있었다. 학교 선생님, 학원 선생님들과 직접 상담하면서, 아이에게 최적의 교육방안을 찾아보기 시작했다. 하지만 사춘기에 접어든 딸과의 관계는 아빠의 열정과 비례해서 헝클어지기 시작했다. 딸은 나의 성과 지향적인 교육방식에 반기를 들었고, 중3 때부터는 제법 심각하게 충돌하기 시작했다.

딸과 한바탕 전쟁을 치르고 나서 울적한 마음에 집 근처 공원에서 어렵게 끊었던 담배를 다시 피워 물면 참으로 만감이 교차했다. 어렵게 끊은 담배에 다시 손을 댄 의지

박약도 한심했고, 분을 참지 못해 딸에게 할 말 못할 말 퍼부은 나 자신에게 짜증이 났다. 좋은 아빠는 고사하고 막 나가고 있다는 생각에 마음이 아프고 쓰렸다. 14살 어린 내가 느꼈던 아픔과는 또 다른 아픔을 딸이 느끼고 있다고 생각하니 마음이 무너져 내렸다.

집으로 돌아와 조용히 딸의 방문을 열어보았다. 아파트 가로등 불빛이 창문으로 들어와 벽을 보고 누워 있는 딸의 뒷모습을 애잔하게 비추고 있었다. 딸의 뒷모습은 무척이나 외롭고 쓸쓸해 보였다. 두 사람의 슬픔이 방 안 가득했다. 딸의 슬픔이 미세한 파동에 실려 내 마음으로 밀려 들어왔다. 동시에 14살 어린 자아의 슬픔도 깊은 심연에서 스멀스멀 마음 위로 올라왔다. 두 슬픔이 하나로 합쳐지면서 마음은 점차 검은색으로 변해갔다. 검은색 마음은 사람의 꿈과 희망을 통째로 앗아가곤 해서 매우 위험하다.

밀려오는 생각에 한숨도 자지 못했다. 새벽의 어슴푸레한 기운을 느끼면서 마음을 정돈해 나갔다. 성과에 대한 욕심이 앞서서 교육 메카에서 길을 잃고 헤맸지만 원점에서 다시 시작하자고 다짐했다. 14살의 나를 믿었던 것처럼 나의 자녀를 믿어보기로 했다. 자녀의 인생 마라톤을 위해 본질에 집중하자, 성과는 자녀에게 맡기고 관계를 챙기자는 마음으로 다시 시작하기로 했다. 많은 우여곡절이 있었지만 나의 자녀들은 나름 자신의 페이스로 인생 마라톤을 달리는 법을 터득해 나간 것 같다.

둘째, 인생의 멘토 역할

자녀에게 인생 진로와 삶의 지혜를 전해줄 멘토 역할을 하겠다는 생각을 가지고 있었던 나는 자녀 멘토링을 체계적으로 준비해왔다. 심리, 철학, 교육, 코칭, 상담 등에 대한 책들을 폭넓게 탐독했고, 지인들의 인생 상담에 적용하면서 경험도 쌓아 나갔다. 아이들의 눈높이에 대한 현실 감각을 익히기 위해 지인 자녀들의 학습코칭과 회사 젊은 직원들의 인생 상담 그리고 연애 상담을 하면서 나름 내공도 키워나갔다. 대기업 입사를 희망하는 대학생들의 면접 코칭을 하면서 젊은 친구들의 마음과 생각에 대한 폭도 넓혀 나갔다.

지식과 경험을 겸비한 준비된 멘토라는 자신감이 생겼

다. 이제 자녀의 인생을 잘 안내하기만 하면 될 것 같았다. 하지만 자녀 멘토링은 준비한 연습과는 달라도 너무나 달랐고, 타인의 멘토링과는 차원을 달리했다. 인류에게 삶의 지혜를 전해주었던 위대한 인물들이 유독 자녀의 멘토 역할은 지인에게 별도로 부탁한 이유를 그제야 알게 되었다. 부모는 자신의 자녀를 멘토링할 수 없었다.

자녀의 멘토링에는 아빠의 객관적이지 못한 미묘한 감정이 개입되었고, 매일 마주하면서 별로 대단해 보이지도 않는 아빠의 전문성과 신뢰성에 자녀는 의문부호를 날렸다. 어느 날 대화 중 불편함을 느꼈는지 딸은 나에게 이런 말을 했다.

"아빠와 대화하다 보면 재미가 없어요. 아빠는 모든 걸 설명하려 해요. 그냥 내 말을 좀 들어주면 안 되나요?"

딸의 말은 비수가 되어 마음을 온통 북풍의 한기로 가득 채웠다.

15년 이상을 준비해왔던 모든 노력이 물거품으로 변하는 순간이었다. 마음은 한기로 가득했고, 자녀를 위해 준비해왔던 선물이 타인에게만 선물이 될 수 있다는 사실을 받아들이려고 하니 마음이 불편함과 쓰라림이 뒤범벅되어 갈피를 잡기가 힘들어졌다. 하지만 시간의 힘을 빌려서 자녀는 부모의 멘토링 대상이 아니라는 사실을 받아들이기로 했다. 자녀가 손을 내밀 때만 조언을 해주거나 힘들어할 때 뒤에서 밀어주어야겠다는 마음을 다지면서 나의 멘토 역할도 중도에 막을 내렸다.

셋째, 인생의 대화 친구

인생의 대화 친구는 아버지와의 관계 속에서 만들어진 생각이다. 나는 고민이 있거나 인생의 중요한 결정을 내릴 때 아버지와 상의하지 않고 대부분을 혼자서 결정했다. 성인이 돼서 내가 왜 아버지에게 나의 고민을 이야기하지 않았을까를 곰곰이 생각해보니 아버지를 실망시키고 싶지 않아서였다. 자녀들의 고민거리 대부분은 부모를 실망시키는 일인 경우가 많다. 나는 문제가 만들어내는 힘듦보다 아버지의 실망하는 눈빛을 보는 것을 더 힘들어했던 것 같다. 이런 마음들이 모여서 아버지에게 나의 문제를 상담하고 상의한 적이 한 번도 없다.

자녀의 이런 생각은 든든한 기둥과 버팀목이 되어주고

자 하는 부모를 가슴 아프게 만든다. 어릴 적 이런 생각들 때문에 아이들에게 인생의 대화 친구가 되어주겠다는 생각을 하게 되었다. 주변 지인에게도 성과보다는 대화나 관계가 중요하다는 이야기를 하면서 "서울대 교수를 둔 부모는 많지만, 포장마차에서 부모와 소주 한 잔 하면서 자신의 고민을 털어놓는 서울대 교수는 거의 없다"라고 말하곤 했다. 성과도, 멘토링도 내려놓은 나에게 인생의 대화 친구는 어찌 보면 좋은 아빠로 가는 마지막 야간열차였던 것이다.

자신의 고민이나 이슈가 있을 때 즉각 아빠를 찾는 딸과는 인생의 대화 친구에 어느 정도 가까이 간 듯했다. 그런데 아들과의 대화는 조금 힘이 들었다. 내향적 성향에 자신이 완벽하게 확신을 하지 않으면 관망하는 아들과의 대화는 왠지 모를 불편함이 느껴졌다. 사람의 마음은 참 간사하고 이상하다. 아들이 나의 생각을 수긍하지 않고 지켜보거나 관망하는 시간이 쌓여가면서 생각지도 못했던 불편함이 마음 저 밑에서 꿈틀거리기 시작했다. 이런 마음이 쌓여가던 어느 날, 아들과의 대화 중에 '아들이 너를 인정하고 있지 않은 것 같은데'라는 내면의 목소리가 들려오더니 나는 순식간에 미성숙한 자아에 함몰되면서 아들에게 분노를 쏟아내고 있었다.

불편한 마음을 갖고 아들이 자리를 뜨자 아내는 속사포처럼 말을 퍼부었다.
"이런 행동을 하는 당신이 무슨 자격으로 부모 관련 글을 쓰겠다는 건지 이해가 안 되네요."
"당신이 그렇게 닮고 싶어 하지 않는 아버님의 눈빛이 지금 당신의 눈빛 속에 있는 거 아세요? 당장 거울을 한 번 보라고요."
나는 끓어오르는 분노를 겨우 참아냈다. 여기서 한 발만 더 나아가면 나의 생각 항아리를 더 이상 글로 쓸 수 없을 것 같았다.

이런 발작적 분노의 끝자락에서 자기 처벌의 고통이 시작된다. 자기 처벌은 마음의 에너지를 남김없이 앗아간다. 마음 한 곳에서는 '네가 무슨 자격으로 부모 관련 책을 쓴다고. 다 때려치워!'라고 속삭인다. 다른 마음에서는 '아니야, 우리는 모두 넘어질 수 있어. 다시 일어나서 다시 걸어가면 돼'라고 나를 위로한다. 일주일 정도 마음을 추스르고 나서 나는 자녀들에게 인생의 대화 친구가 돼주겠다는 생각도 내려놓았다.

최상의 교육환경과 인생 멘토링 역할, 그리고 인생의 대화 친구 등 좋은 아빠라고 나 스스로 정의했던 과제들을 나는 이제 모두 내려놓았다. 아들에게 분노를 표출한 갈등 속에서 나를 일으켜 세워준 희미한 불빛이 '좋은 부모를 꿈꾸는 사람들의 빛과 그림자'이다.

나는 14세의 어린아이로부터 시작된 좋은 부모에 대한 욕망을 내려놓았다. 물론 좋은 부모에 대한 욕망을 내려놓았다고 해서 좋은 부모를 포기한 것은 아니다. 좋은 부모의 욕망을 내려놓으니 욕망하던 것이 슬며시 내 옆으로 다가와 자리를 잡는다. 좋은 부모의 빛이 사라지니 좋은 부모의 그림자도 사라지면서 나에게도 좋은 부모의 가능성이 조금씩 보이기 시작했다.

나는 지금 결핍을 떨쳐내고 편안해하는 14살 어린 자아와 마주하고 있다. 삶의 중요한 고비마다 나를 괴롭히고, 나의 발목을 잡아 온 악동 같은 녀석이다. 40년 이상을 욕망을 찾아 헤매다가 이제야 욕망을 내려놓은 나는 편안해하는 14살 어린 자아를 꼭 안아주었다. '이제 그만해도 돼. 이제 편히 쉬려무나'라고 속삭이면서 말이다.

쿼렌시아로 삶을 안내하는
순수한 관심

자주 다니던 뒷산 산책길에서 어느 날 맑은 새소리가 들려왔다. '산책길에 새가 없었는데 어디에서 날아왔나?' 하는 생각을 하면서 주변을 둘러보니 새도 보이고, 이름 모를 작은 들꽃도 보인다. 새소리가 들려오는 순간 편안한 호흡과 넉넉한 마음 그리고 맑은 정신이 느껴진다.

그러나 편안한 시간은 그리 오래가지 못했다. 앞으로 해야 할 일이 떠오르자 마음이 복잡해지면서 새소리는 멈췄고, 주변의 들꽃도 시야에서 사라졌다. 휴식을 취하기 위해 천천히 걸으면서 새소리와 들꽃에 순수한 관심을 기울였다가 일에 대한 염려가 마음속으로 밀려오자 순수한 관심은 이내 신기루처럼 사라져 버린 것이다.

지난 하루의 일상을 생각해보자. 그리고 하루 중의 시간을 '목적 있는 행동'과 '순수한 관심'으로 나누어 보자. 순수한 관심보다는 목적 있는 행동으로 하루 중 대부분의 시간이 채워져 있다는 것을 알게 될 것이다.

삶이란 인생 수레는 성과와 꿈이란 두 바퀴로 굴러간다. 성과와 꿈은 상호 교감하면서 우리의 인생 모자이크를 완성시켜 나간다. 성과는 냉혹한 현실 속에서 안전하고 인간답게 살 수 있는 생산적인 재화와 서비스를 제공해주지만 이 과정에서 사람들은 지치고 상처받는다. 꿈은 소진된 사람들의 몸과 마음을 충전시키고 재생시켜 주기에 우리는 순수한 관심이 발전된 꿈을 필요로 한다.

어른과 다르게 어린 자녀들은 어떤 목적도 없이 무언가에 푹 빠져 있는 모습을 종종 볼 수 있다. 어떤 대상에 순수한 관심을 보이고 있는 것이다. 부모의 눈에는 공부하기 싫어서 딴전을 피운다고 생각하거나 쓸데없는 대상에 몰입해서 시간을 낭비한다고 생각할 수 있다.

그런데 자녀들의 이런 순수한 관심을 존중하고 지원해서 취미나 꿈으로 발전시켜 주면 좋겠다. 그래야 그들이 앞으로 살아가면서 마주할 힘든 삶 속에서도 잠시 쉬어갈 수 있는 삶의 쿼렌시아(Querencia)를 찾게 된다. 순수한 관심이 내재되어 있는 취미는 꿈이 되고, 꿈은 우리의 몸과 마음을 회복시켜 준다.

순수한 관심은 그 무엇이어도 상관없다. 음악 듣기, 책 보기, 퍼즐 맞추기, 운동하기, 멍때리기, 수집하기 등 범위도 아주 넓다. 부모들은 아이들이 무언가에 흥미를 느끼면 그것이 시간 낭비라고 생각해서 만류하거나 그 흥미에 목적을 부여하려고 한다.

부모가 자녀의 순수한 관심을 통제하기 시작하면 아이에게는 목적 있는 행동만 남게 된다. 부모의 이런 행동은 자녀의 숨구멍을 막아서 자녀의 휴식처를 없애버릴 수 있다. 자녀는 긴 학습 과정과 인생 마라톤에서 때때로 지치거나 상처를 입게 된다. 이럴 때 자신만의 휴식처를 찾아가서 몸과 마음을 추스른 후에 인생 마라톤에 다시 복귀해야 한다. 자신만의 휴식처가 없는 사람은 예고 없이 찾아오는 인생의 실패와 좌절을 극복하지 못하고 인생 마라톤에서 낙오하게 될 것이다.

성과주의 사회에서 순수한 관심은 몸과 마음을 충전시키고 재생시켜 준다. 성과 만능주의 시대에 자녀들이 행복하게 살아갈 수 있도록 도와주고 싶다면 그들의 순수한 관심을 어릴 때부터 제대로 지원하여 꿈과 같은 삶의 휴식처를 만들 수 있도록 도와주자.

본질에 접근하기 위해
삐딱한 시선으로 세상 바라보기

합리적으로 보이는 세상의 현상들이 우리를 본질과 진리의 정반대에서 헤매게 하는 경우가 의외로 많다. 사람들은 잘못 들어선 길에서 길을 잃고 평생을 살아가고 있지만 자신이 길을 잃고 있다는 사실조차 모르고 생을 마감하는 경우가 비일비재하다. 우리는 언제부터인가 삐딱한 시선으로 인해 세상을 보는 힘을 잃어버렸다. 긍정성을 생산성 향상의 원동력으로 보는 자본주의와 진리의 상대주의가 만들어낸 사회현상이다.

긍정성이 일상의 삶에 풍성함을 안겨준다면 부정성은

큰 틀에서 올바른 길의 방향성을 제시해준다. 큰 방향과 틀을 잡을 때는 부정성을 중심으로 사고하고, 일상의 삶을 살아갈 때는 긍정성을 중심으로 실행에 옮기면 우리의 삶은 좀 더 단순하고 명료해진다. 그런데 우리는 이와 정반대로 살아가기 때문에 늪 같은 복잡한 인생에 빠져 고통스러운 일상을 살아간다.

우리는 아무 생각 없이 남들이 갔던 고통이 기다리는 길을 향해 편안하게 걸어간다. 그리고 그 길 위에서 고통에 대해 불평하면서도 오직 열심히 살아야 한다는 마음으로 평생을 산다. 우리는 인생이 고통이라고 말하는 철학자나 영적 스승의 말에 위로받으면서 고통 속에서 살아간다. 그러면서 이 길 외에 다른 길은 없다고 확신한다. 그런데 과연 그럴까? 정말로 인생은 고통일까? 어쩌면 우리가 잘못된 고통의 길로 들어선 건 아닐까?

고통이 아닌 다른 인생길이 있는지 찾아봐야 한다. 고통이 아닌 충만에 이르는 길을 찾을 수만 있다면 우리는 진시황의 불로초와 버금가는 인생 선물을 받을 수 있다. 그런 담대한 길을 찾기 위해 또는 세상 현상의 노예가 아닌 진리의 주인이 되기 위해 우리는 다양한 세상 현상을 삐딱한 시선으로 바라볼 필요로 있다.

종교, 정치, 경제, 사회, 문화, 도덕, 법률, 철학, 의학 등 우리 삶의 전 분야에 대해 진지하게 삐딱한 시선으로 바라볼 수 있어야 한다. 그래야 우리를 현혹하는 백 가지 현상에 대해 본질에 접근할 수 있다. 언젠가 기회가 되면 세상의 각 분야를 삐딱한 시선으로 바라보는 구체적인 관점과 사례를 나누어 보고 싶다.

본 글에서는 우리 삶에서 쉽게 마주할 수 있는 인간 존재의 불안을 중심으로 우리가 어떻게 삐딱한 시선을 유지해야 하는지를 방법론적 관점에서 이야기해보려고 한다. 먼저 삐딱한 시선을 유지한다고 했기 때문에 긍정성보다는 부정성을 중심으로 이야기를 할 예정이니 혹시 불편한 마음이 들더라도 조금의 인내심을 미리 요청한다.

현대를 살아가는 우리는 불안을 상수로 안고 살아간다. 외부 위협에 대한 불안, 미래에 대한 불안, 존재적 불안 등 모든 사람은 각자의 처지에서 불안과 싸워 나가고 있다.

나만 불안한 것이 아닐까? 하는 독자가 있다면 그런 염려는 하지 않아도 된다. 인간은 에덴동산이라는 자연을 떠나 홀로서기를 한 이후로 늘 불안과 함께하는 삶을 살아왔다.

이렇게 불안에 시달리는 현대인은 쇼펜하우어의 철학과 마르쿠스 아우렐리우스로 대표되는 스토아 철학에서 많은 공감과 위로를 받고 있다. 쇼펜하우어가 자신의 삶에 적용해보지도 않은 관념적 불안을 다루었다면 아우렐리우스는 실천적 불안을 다루었다. 그런데 쇼펜하우어와 아우렐리우스는 자신의 철학적인 방법을 통해 마주하는 현실 불안에서 벗어났을까?

답은 NO다. 만약 쇼펜하우어가 불안에서 벗어났다면 염세주의적 철학자로 남아 있지 않을 것이고, 아우렐리우스의 자기 고백적 명상록도 멈추었어야 했다. 두 사람은 평생을 남들보다 더욱 심각한 구조적 불안에 시달린 사람들이다. 이런 구조적 불안은 평범한 우리에게 보석 같은 통찰을 제공해주었다. 고통 속에 쌓아 올린 영광의 꿀물을 우리가 마시고 있는 것이다.

그런데 우리는 위대한 철학자의 실패한 길을 따라가려고 한다. 왜 실패한 길을 따라가려고 하는 것일까? 다른 길이 없다고 생각하기 때문이다. 우리는 쇼펜하우어나 아우렐리우스와 같은 위대한 인물도 겪었던 불안을 상기하면서 자신이 겪고 있는 불안에 공감과 위로를 받는다. 그리고 위대한 철인처럼 인내하면서 고통스러운 길을 뚜벅뚜벅 걸어가겠다고 다짐한다. 인생은 고통이라는 경구를 마음에 새기면서 말이다.

그렇다면 쇼펜하우어나 아우렐리우스는 왜 실패했을까? 자연의 섭리 대신에 인간의 섭리를 따랐기 때문이다. 인간의 섭리는 인간이 만물의 영장이고, 우주의 주인이라고 생각한다. 그 중심에 이성이 있다. 철학은 인간의 이성이 얼마나 위대한지를 증명하는 학문으로 우리에게 많은 공감과 위로를 제공한다.

이런 철학의 접근은 심리학, 영성학, 생리학, 뇌과학, 진화학의 통합적 관점에서 보면 어처구니없는 오만임을 바로 알 수 있다. 뇌과학과 생리학에 대한 조금의 지식만 있어도 이성이라고 할 수 있는 전두엽은 마음의 감정과 심장

박동, 호흡 하나 제대로 통제할 수 없는 무기력한 존재임을 알 수 있다.

전두엽은 외부세계, 인간의 육체, 비합리적인 마음의 무의식 세계에 대한 통제권이 없다. 이성을 추종하는 스토아학파 철학자와 그 후예들은 이성이 인간의 마음을 통제할 수 있다고 생각하지만 이렇게 생각하는 것은 심리학과 영성학에 대한 기초지식만 있어도 무지의 결과라는 사실을 금방 알 수 있다. 무의식이라고 부르는 비이성적인 인간의 마음은 인간의 잃어버린 세계와 인류의 잃어버린 세계 그리고 우주의 잃어버린 세계를 담고 있다.

자, 그렇다면 쇼펜하우어나 아우렐리우스의 실패 원인을 좀 더 심층적으로 파헤쳐 보자. 이성이 추구하는 인간의 섭리는 '완전성'이다. 금욕이나 억압을 통해 긍정성만 남기고 부정적인 원인을 제거하려고 한다. 이성에게 부정적인 것은 감정, 본능, 욕망, 탐욕 등이다. 그런데 자연의 섭리를 한마디로 표현하면 빛과 그림자이다. 빛이 강해지면 그림자도 강해진다. 빛이 약해지면 그림자도 사라진다. 그림자를 누르는 방식으로는 절대 그림자를 없앨 수 없다. 그림자를 없애는 유일한 방법은 빛을 없애는 것이다.

이러한 자연(신)의 원리를 몸소 증명한 사람이 예수다. 예수의 십자가 상징에 대해서 기독교인들은 많은 이야기를 하지만 예수의 십자가 상징은 자연의 섭리를 보여준 단적인 사례이다. 인간은 이성이라는 빛을 얻은 후 에덴동산에서 추방된다. 빛과 동시에 '악'으로 대변되는 그림자가 생겼기 때문이다. 에덴동산에는 악이 존재할 수 없다. 에덴동산은 악이 없는 자연, 동물, 신만이 거주할 수 있는 상징적인 공간이다.

에덴동산에서 추방된 아담의 후예인 인류는 그림자를 없애려는 끊임없는 시도를 했지만 결국 실패한다. 빛을 밝게 비추어 그림자를 없애려는 모든 시도는 실패로 돌아갔다. 빛을 밝게 밝힐수록 그림자도 짙어졌기 때문이다. 이것이 아담의 후손들이 추구하는 완전성이다.

신의 아들 예수는 인간과 다른 접근을 한다. '극악'이란 사탄의 그림자를 없애기 위해 '극선'인 예수라는 빛을 스스로 없앤 것이다. 예수라는 빛이 사라진 곳에 사탄이라는 그림자도 동시에 사라지고, 인간 예수는 온전한 상태의 그리스도로 신의 섭리인 온전함을 구현하게 된다. 종교적인 관점은 배제하고 자연의 섭리와 신의 섭리 그리고 우주 섭리의 상징성을 가지고 이해할 필요가 있다.

부처, 노자 등 모든 영적 스승들은 모두 자연의 섭리인 온전함을 추구했다. 성령 임재, 해탈, 도 등은 온전함의 또 다른 표현이다. 인간이 추구하는 완전함 대신에 온전함을 추구해야 고통의 길에서 벗어날 수 있다. 어찌 보면 인간은 아담과 이브가 에덴동산에서 추방되면서 신에게 받은 고통이란 형벌을 피할 수 없는지도 모르겠다.

왜냐하면 온전함이란 자연의 섭리를 아무리 이야기해 줘도 인간은 결국 오만함과 옛사람의 본능을 찾아 다시 완전함을 추구할 것이기 때문이다. 모세에 의해 애굽에서 벗어난 유대인들은 모세가 시나위 산으로 간 그사이를 참지 못하고 다시 우상숭배라는 세속적인 방법으로 길을 찾아 나서지 않았는가? 우리가 광야의 유대인과 무엇이 다를까 하는 마음이다.

독자들 중에 과연 얼마나 삐딱한 시선에 대한 저자의 관점을 본인의 삶에 적용해볼지는 알 수 없다. 하지만 우리가 진리라고 믿고 있는 많은 사실들이 실제로는 잘못된 길 위의 현상일 수 있다는 사실을 명심하자. 그리고 진리와 정반대에 있는 잘못된 현상을 따라가다 보면 고통의 늪이 우리를 기다리고 있다는 사실을 유념했으면 한다.

흙 속에서 인생의 진주를 찾는 혜안 갖추기

　사람들은 너도나도 멋진 세상의 진주를 원한다. 하지만 모두가 얻고자 애쓰는 세상의 진주는 우리의 손길을 쉽게 허락하지 않는다. 세상이 인정하는 진주를 얻기 위해서는 많은 에너지와 경제적 비용을 치러야 한다. 그렇다면 경제적 비용을 치르기 쉽지 않은 평범한 사람들은 세상의 진주를 얻을 기회가 없는 걸까? 이런 궁금증을 갖고 진주가 가지는 특성을 감안하면서 흙 속에서 진주를 찾는 현명한 방법에 대해서 알아보자.

　세상의 진주는 멋진 연인이나 성공한 사업가이기도 하

고, 멋진 스포츠카나 강남의 한강변 최고급 아파트이기도 하다. 또한 높은 수익률을 가져다줄 투자 대상이나 큰 성공을 기대해볼 수 있는 사업 기회일 수도 있다. 즉 인간이 욕망하는 모든 대상이라고 보면 된다. 세상이 욕망하는 세상의 진주는 희소하면서도 만족도가 높아서 경쟁이 아주 치열하다.

세상 사람들이 욕망하는 진주는 자신의 위상에 걸맞은 대우를 공개적으로 요구한다. 백화점의 명품처럼 사람들의 시선과 화려한 조명을 받으면서 자신의 가치를 십분 뽐낸다. 이런 진주의 위세는 일반 사람들을 기죽게 하기에 충분하다. 하지만 진주를 손에 쥘 능력이 되는 사람들은 진주가 공개적으로 요구하는 대가를 치르면서 진주를 얻으면 된다.

그렇다고 대가를 치를 능력이 없다고 낙담할 필요 없다. 세상이 욕망하는 진주보다 더 매력적인 진주들이 흙 속에서 주인을 기다리고 있기 때문이다. 흙 속에 있는 진주에게는 아무도 줄을 서지 않는다. 이런 흙 속 진주의 매력은 세상도 모르고 진주 자신도 모른다. 흙 속의 진주는 경쟁도 없고, 뭔가 대가를 원하지도 않는다. 단지 흙 속의 진주를 알아볼 수 있는 혜안만 갖추면 된다. 흙 속의 진주는 자신을 알아봐 주고 선택해준 당신에게 오히려 평생 감사한 마음을 가질 것이다.

현대인들은 언제부터인가 본질을 파악하는 힘을 잃었고, 이런 틈을 타서 자기 전시형 진주들이 판을 치고 있다. 가짜 진주가 주인 노릇한 대중의 욕망에 놀아나지 않기 위해서 우리는 진주의 본질을 파악할 수 있어야 한다.

삶의 현장에서 진주의 본질을 파악한다는 것은 말처럼 쉽지가 않다. 하지만 진주의 본질을 파악하고자 꾸준히 노력하다 보면 적어도 가짜 진주를 식별할 수 있는 안목은 생긴다. 그것이 진주의 본질을 파악하는 데 있어 중요한 첫걸음이다.

사람들이 본질보다는 욕망에 열광하다 보니 가짜가 진주의 가면을 쓰고 신화 속 사이렌처럼 사람들을 유혹한다. 사람들도 가면을 쓴 가짜 진주를 진짜 진주라고 철석같이 믿고 살아간다. 세상이 정품이라고 인증하고 있는 마당에 믿지 않을 수 없지만 정품 인증의 주체는 모호하다. 집단적으로 타인의 욕망을 욕망하는 대중이 인증의 주체이다. 이런 가짜가 진짜가 되는 혼돈의 세상에서 '진주의 본질이 아닌 것 같다는 감'이 가짜 진주를 골라낼 수 있는 안목을 제공한다.

진주의 본질은 문화나 유행에 따라 달라지지 않는 내재적 특성을 가지고 있다. 진주의 본질과 특성을 좀 더 구체적으로 그려보기 위해 먼저 가면을 쓴 가짜 진주들이 보이는 성향에 대해서 알아보도록 하자. 가면을 쓴 가짜 진주들은 '자기 전시', '특권의식' 그리고 '보상요구' 등의 특성을 보인다.

가짜의 가장 큰 특성은 자기 전시다. 진짜보다 더 진짜처럼 보이는 가면을 쓰고 끊임없이 자신의 상품성을 전시하면서 세상을 유혹한다. 이런 가짜의 자기 전시는 욕망을 좇는 대중의 욕구를 만족시키고, 대중은 가짜에게 정품 인증마크를 부여해준다.

대중의 욕망을 먹고 사는 마케팅 자본주의는 가짜 진주

가 활개 칠 수 있는 공간을 활짝 열어주었다. 가면 뒤에 자신의 결핍을 숨기고 있는 가짜는 자신의 본모습을 들키지 않기 위해 자기 전시에 필사적으로 매달린다. 충만함이 내재되어 있는 진짜 진주는 자기 전시란 개념 자체가 없다.

가짜는 자신이 쓴 가면에 특권을 부여한다. 특권의식은 내적 불안을 해소하기 위한 자기 위로의 성향을 보인다. 누군가와 잠시만 대화를 해봐도 그가 특권의식을 갖고 있는지 파악된다. 가짜들은 자신의 이런 특권의식을 자존감의 표현 또는 귀족적 성향이라고 포장한다. 그런 가짜의 포장지인 특권의식에 현혹되지 말아야 한다.

가짜는 자신의 가면이 만들어내는 욕망이란 상품에 부합하는 보상을 요구한다. 보상은 심리적이고, 물질적 보상을 모두 포함한다. 자기 성공과 능력을 과시하지 못해 안달인 또 다른 유형의 가짜들이 가짜 진주에 엄청난 비용을 지불한다. 이는 또 다른 의미에서 베블런 효과라고 이름 붙여도 될 듯하다.

결론적으로 가짜 진주는 '자기 전시', '특권의식', '보상요구'라는 특성을 모두 장착한 마케팅 자본주의가 만들어낸 시대적 괴물이다. 가짜를 잘 골라내다 보면 진주의 본질에 한 걸음 더 다가갈 수 있다. 미켈란젤로는 피에타상을 조각할 때 주변에 불필요한 것들을 깎아내는 데 우선적으로 집중했다고 한다. 그러다 보니 피에타상이 부각될 수 있었다고 한다. 그렇게 진짜 진주를 만나기 위해 불필요한 가짜 요소들을 잘 정돈하는 게 중요하다.

이제 가짜 진주의 특성을 마음에 염두에 두고 진주의 본질에 접근해보자. 이 부분은 면밀한 관찰과 깊은 성찰이 필요한 부분이다. 어느 분야의 진주냐에 따라 다르지만 몇 가지 공통된 특성이 있다.

진주의 본질은 대상이 사람인 경우에는 내적 가치이며, 사물인 경우에는 내재 가치를 말한다. 사람의 내적 가치는 겸손, 배려, 검소, 통찰, 충만, 주인의식, 결핍의 승화 등의 속성을 가진다. 현대사회는 사람들의 내적 가치보다는 사회가 부여한 역할이나 직위 같은 역할 가치나 외적 욕망을 불러오는 전시 가치에 열광한다. 사랑과 인간관계에서 사람의 내적 가치에 집중해보면 의외로 흙 속의 진주를 발견할 수 있다.

사물의 내재 가치는 사물 자체가 가지는 본질 가치를 말한다. 사물은 내재 가치 이외에도 인간이 부여한 욕망 가치를 가지고 있다. 사물의 내재 가치와 욕망 가치를 잘 파악하면 현명한 소비와 투자에서 흙 속의 진주를 발견할 수 있다.

많은 소비자들이 마케팅 자본주의가 불어넣은 욕망 가치에 많은 비용을 지불한다. 하지만 욕망 가치는 자신의 현재 결핍을 해소하고 싶은 욕망의 노출일 뿐이다. 명품이나 물질 소유를 많이 하는 사람일수록 오히려 자신이 허영기 많은 사람이란 걸 실시간으로 중계할 가능성이 높다. 소비생활에서 욕망 가치를 적절하게 빼내고 내재 가치에 집중하면 현명한 소비자가 될 수 있다.

진주의 본질을 파악하고 검증했다면 다음은 자신만의 진주를 정의해야 한다. 진주도 중요하지만 나만의 성향과 선호도가 반영된 나만의 진주가 더욱 중요하기 때문이다.

자신만의 진주에 대한 확신을 명확히 해야 진주를 찾는 본 게임에서 망설이지 않는다. 'One Shot, One Kill'이 가능하려면 평소에 꾸준히 자신만의 진주에 대한 자기 확신을 만들어야 한다.

사람들은 자신의 진주는 뭔가 특별한 곳에서 운명처럼 만날 거라고 생각한다. 하지만 그렇지 않다. 흙 속의 진주는 내 주변에 예전부터 있었다. 다만 내가 진주를 알아볼 수 있는 혜안이 없었을 뿐이다. 진주의 본질을 명확히 하고, 자신의 주변을 살펴보면 예전부터 그 자리에서 나를 기다리고 있는 흙 속의 진주를 발견할 수 있다.

한 분야에서 진주를 찾아본 사람은 다른 분야로 이를 확장해 나갈 수 있다. 한 분야의 흙 속의 진주 찾기를 삶 전반의 분야로 확장시켜 자기 삶에서 욕망하는 부분의 본질을 찾는 데 집중한다면 삶은 단순하고 간소화해질 것이다.

지금까지 흙 속에서 진주를 찾는 혜안에 대해서 살펴보았다. 이 과정을 부모가 직접 적용해보고 자녀의 연애, 자녀의 전공 분야 등을 대상으로 자녀에게 흙 속의 진주 찾기 과정을 안내해 주자. 부모도, 자녀도 이 과정을 통해 많이 배울 수 있고, 삶의 전 분야로 확장하여 적용해볼 수 있는 통로가 열릴 것으로 생각한다.

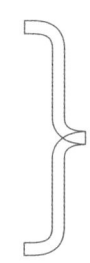

북극성 같은 삶의
길잡이 되어주기

 아빠들이 자녀교육 현장에서 사라지고 있다. 엄마에게 주도권을 넘겨주고 주변부에 머물다가 이제는 완전히 소외된 듯하다. 좋은 대학에 보내는 3박자가 엄마의 정보력, 아빠의 무관심, 할아버지의 재력이라는 말이 나도는 것을 보면 자녀교육에서 아빠의 위상이 어떠한지 느껴진다.

 단기 성과와 효율성으로 무장한 엄마들은 학교라는 공교육 체계를 빠르게 무너뜨리면서 학원 중심의 사교육으로 자녀교육의 중심축을 바꾸어 놓았다. 현대 자본주의, 엄마의 자녀교육, 학원의 교육방식은 장기 역량보다는 단기 성과에 목을 맨다는 점에서 묘하게 닮아 있다.

엄마 중심 자녀교육의 종착지는 대학 입학이다. 엄마들은 자녀의 대학 입학 성적으로 자신의 자녀교육 성패가 평가받는다고 생각한다. 엄마들은 임기 중 영업이익에만 올인하고, 자신이 떠난 후에 회사가 망가지든, 말든지 무관심한 고용 CEO를 벤치마킹하고 있다.

엄마에 의해 주도되는 자녀교육은 단기간의 마시멜로를 모으는 것에 집중될 수밖에 없다. 눈앞에 다가온 기말고사 성적, 영어 레벨 점수, 수학 선행학습, 입시에 도움이 된다는 논술학원 등에 집중하기 때문에 자녀들을 위한 미래의 마시멜로를 만들 시간이 없다. 현재의 마시멜로에만 집중하면 쌓이는 게 없기 때문에 항상 바쁘고 소모적이다. 항상 뭔가를 바쁘고 정신없이 하고 있는데 정작 필요하고 중요한 것은 바쁘고 시간이 없어서 하지 못한다.

자녀의 대학 입학이란 영광의 면류관을 위해 자녀의 장기 역량을 소진시킨 엄마들은 대학 입학 이후의 모든 책임은 자녀에게 돌린다. MZ 세대가 대표적으로 엄마에 의해

주도된 자녀교육의 결과물이다. 겉으로 보기에 똑똑하고 뭔가를 알아서 척척 하는 것 같지만 MZ 세대에게서 삶에 대한 원칙과 방향의 부재가 심각하게 느껴진다.

변화무쌍하고 폭풍우가 몰아치는 인생의 망망대해에서 우리의 자녀들은 길을 잃고 불안과 두려움에 사로잡혀 있다. 그냥 쿨한 척하고 살고 있지만 몹시 불안하고 나약해져 있다. 이런 내면의 나약함과 불안은 예상하지 못했던 연애, 결혼, 출산 분야에서 터져 나오고 있다.

자신의 삶에서 길을 잃은 우리의 자녀들은 자신 하나 건사하는 것도 벅차다. 이런 현실 앞에서 연애, 결혼, 출산은 어찌 보면 사치일 수 있다. 돈이 없어서 연애를 못하고, 결혼을 못하고, 자녀를 가지지 않는다는 말은 좋은 핑곗거리에 불과하다. 깊은 내면에는 길을 잃고 헤매고 있는 자신에 대한 불신, 불안, 두려움이다.

지금이라도 아직 늦지 않았다. 아빠들이 자녀교육의 현장에 복귀해야 한다. 자녀에게 아빠는 북극성 같은 원칙과 방향성의 상징이다. 폭풍우 몰아치는 망망대해에서 뱃 사람들에게 길잡이가 되어주었던 북극성 같은 존재 말이다. 자녀들은 인생의 고비에서 상징적인 아빠의 삶과 마주한다. 인생의 고비마다 자녀들은 돌아가신 아빠가 전해준 삶의 원칙과 방향성을 상기하면서 인생의 끈을 다시 부여잡고 고비를 헤쳐갈 힘을 얻는다.

딸은 학창 시절에 딸 바보 아빠를 둔 친구들을 부러워했었다. 어느 날은 지나가면서 "친구 아빠들은 딸이라면 껌벅 죽는 딸 바보라는데 아빠는 딸 천재네요." 하는 것이다. 나는 웃으면서 말했다.

"딸 바보 아빠가 가장 쉽단다. 그냥 딸이 해달라는 대로 해주면 되잖니? 딸 바보 아빠는 많지만 딸 천재 아빠는 흔치 않을걸. 우리 딸은 복 받은 거야!! ㅎㅎ"

농담처럼 말은 했지만 딸 천재 아빠가 된다는 것은 만만치 않은 일이다. 딸과의 관계, 딸의 행동 등을 딸의 현재와 미래를 생각하면서 판단하고 결정해야 한다. 독사과와 쓰디쓴 보약이란 현실 선택에서 딸과 아빠는 갈등하게 된다. 이때 아빠가 명확한 삶의 원칙과 방향성을 가지고 있지 않으면 자연스럽게 독사과를 집어 들게 된다.

사춘기를 지나는 대부분의 자녀는 자신의 인생임을 주장하면서 부모님의 간섭을 차단하고자 한다. 그런데 이런 주장을 했던 자녀들이 "내가 뭘 안다고 그때 좀 강하게 잡아주지 왜 그러지 않았어요?"라면서 후회하는 모습을 보인다. 자녀와 사춘기 전쟁을 치른 부모 입장에서는 만감이 교차하면서 허탈해진다.

아버지가 돌아가신 후부터 과거의 아버지와 자주 마음속 대화를 나눈다. 30~40년 전에 나와 관련하여 아버지가 내린 판단과 결정이 지금의 나를 만들었고, 현재의 나의 삶 자체가 아버지의 자녀교육의 결과다.

아버지와 관계의 큰 틀 속에서 나는 자녀와의 관계를 들여다본다. 나는 과거(아버지-나)와 현재(나-자녀) 그리고 미래(나의 자녀교육의 결과인 자녀)를 전체적으로 그려보면서 자녀의 현안 문제에 대한 판단과 결정을 하고자 한다. 부모 내비게이션에 있는 글들은 아버지의 정신이 배어 있기도 하고, 아버지의 방식을 개선 또는 반면교사로 삼은 것들이다. 아버지의 유산이 자녀관계에 대한 나의 생각과 기준을 만들어내고 있다.

이처럼 아빠의 생각과 원칙 그리고 행동 등 모든 것은 자녀의 현재와 미래의 삶에 큰 영향을 끼친다. 자녀에게 삶의 길잡이가 되어주어야 할 아빠들이 어느 순간부터 엄마 뒤에 숨기 시작했다. 자녀교육은 엄마에게 전적으로 맡기고 아빠는 세상살이에 집중하겠다는 생각 같다.

하지만 삶의 원칙과 방향성을 제시하는 것은 아빠의 몫이다. 원칙과 방향성은 미래의 마시멜로를 위해 현재의 달콤함을 견디고 인내하는 것으로부터 시작한다. 진화론적으로 보아도 이런 역량은 여성보다는 남성을 통해 전해져 왔다.

인류가 수렵 채집기부터 여성은 채집을 통해 당장 오늘 저녁의 먹거리에 집중했고, 남성들은 사냥을 통해 중장기 먹거리를 확보해왔다. 즉 여자는 현재와 단기 성과를 중시하는 경향이 있고, 남자는 미래와 장기 성과에 몰입해왔다. 70~80년대까지만 해도 자녀교육은 미래와 장기 성과를 중시하는 영역으로 인식되어 아버지들이 담당해왔다.

2000년대에 들어서면서 단기 성과 중심의 현대 자본주의가 사회 전반에 깊게 뿌리내리면서 자녀교육 영역에도 단기 성과와 효율성을 강조하는 학원 중심의 사교육 시장이 자리를 잡기 시작했다. 학원 시스템은 엄마들의 단기 성과 중시 경향을 만족시키면서 자녀교육의 신메카로 떠올랐다. 엄마와 학원의 컬래버레이션은 자녀교육에서 아빠의 자리를 없애버렸다.

엄마와 학원의 합작품은 겉으로는 일류대학 입학이라는 빛나는 면류관을 쓴 것 같지만 현실은 학원 시스템에 소모품이 되어 자신의 삶에 대한 의지와 방향성마저도 상실한 우울하고 불안한 자녀들과 마주해야 한다.

자녀교육을 대학 입학하기 전까지라고 생각하는 부모들이 많은데 자녀교육은 부모의 일생 과업이다. 부모 없이도 자녀가 험난한 세상을 홀로 헤쳐 나가는 데 필요한 역량을 길러주는 것이 자녀교육의 핵심이다. 자녀의 인생에 필요한 것들을 정리해보고, 자녀에게 우선순위를 가지고 채워줘야 하는 것을 곧바로 실행에 옮겨보자.

원칙과 방향이 필요한 자녀, 자존감을 우선적으로 회복

해주어야 하는 자녀, 합리적인 경제 마인드를 심어주어야 하는 자녀, 갈등관리와 원만한 인간관계에 대한 조언이 필요한 자녀, 학습과 공부에 대한 안내가 필요한 자녀 등 삶의 전 분야에 걸쳐 자녀교육을 정돈해보아야 한다.

부모의 생각, 원칙, 방향성 등 자녀교육의 모든 것이 미래의 자녀를 만든다. 미래의 자녀를 그려보면서 당장의 마시멜로를 쥐여줘야 하는 딸 바보가 아닌 미래의 마시멜로를 선물할 수 있는 딸 천재가 돼보면 어떨까 한다. 자녀의 현재 평가에 연연하지 말고 미래의 자녀에게 어떤 아빠로 남을지에 집중해보자.

마지막으로 부모의 갈등으로 자녀교육이란 배가 산으로 가서는 안 된다. 자녀교육에서는 단기 성과도 중요하고, 장기 성과도 중요하다. 엄마의 단기 성과 감각과 아빠의 장기 성과 계획을 잘 조화시켜 자녀교육을 완성해 가자. 자녀교육의 원칙과 방향성을 잘 만든 다음에 내신 등 단기 성과도 잘 올릴 수 있도록 학원 시스템을 잘 활용하면 된다.

많은 교육 전문가들이 미래의 리더십으로 갈등관리 능력을 꼽는다. 하지만 교육전문가도, 선생님도, 학부모도 갈등의 원인과 갈등관리 능력의 실체에 대해서는 별도로 관심을 기울이지 않는다.

제3부

통찰력 있는 부모

ADHD 등 자녀 문제를 부모가 주도적으로 해결해 나가기

 현대사회는 가히 전문가 사회라 불릴 만하다. 현대인들은 교육, 건강, 경제, 정치, 영성 등 삶의 중요한 영역에서 전문가의 의견을 듣는 수준을 뛰어넘어 전문가를 맹신하는 수준에 이르렀다. 사람들은 전문가들에게 자기 삶의 중요한 결정권과 주도권을 넘겨주고 허수아비 같은 삶을 살아간다.

 특정 분야의 전문가는 우리가 처한 개별적이고 특별한 상황을 알지도 못하고, 알려고도 하지 않는다. 책이나 학교에서 배운 이론을 토대로 평균적인 방안을 제시한다.

그런데 현실에서 이런 평균에 부합하는 사람은 존재하지 않는다. 현실에서 존재하지 않는 이런 평균적 방안을 진리라고 제시하는 전문가들로부터 자녀 문제의 결정권과 주도권을 부모가 찾아와야 한다. 그래야 자녀 문제에서 평균의 함정에서 벗어날 수 있다.

우리는 삶의 여러 방면에서 전문가의 의견을 들을 수 있다. 하지만 전문가의 의견은 비중 있는 하나의 의견에 불과하다. 자녀 문제와 관련해서 전문가의 의견을 들으면서 당면한 문제의 본질을 부모가 스스로 파악해보고, 전문가의 의견을 교차 검증해보면서 최종 결정을 내려야 한다.

전문가에 의존적인 부모들은 자녀의 인생을 좌우할 문제에서도 자체 검증 없이 전문가의 판단을 따르는 경우가 많다. 물론 전문가의 의견을 토대로 의사결정을 해도 크게 문제가 되지 않는 분야도 많다. 하지만 한 번의 결정이 자녀의 인생을 좌우할 수도 있는 문제에서는 부모가 운전대를 직접 잡고 주도적으로 문제를 해결해 나갈 필요가 있다.

요즘 들어 동일한 문제로 고민하는 부모들의 이야기를 자주 전해 듣는다. 자녀가 산만하고 수업에 집중하지 못하니 ADHD 검사를 받아보라는 담임교사의 연락을 받고 병원에서 검사를 해보니 ADHD라는 의사 진단을 받아보고 고민하는 부모의 이야기다.

부모는 선생님과 의사라는 전문가의 의견을 듣고 마음이 무너져 내린다. 부모는 어찌할 바를 모르고 주변에 의견을 구해본다. 하지만 이런 상황에서 어떤 전문가나 지인도 부모에게 명확한 답을 줄 수가 없다. 힘들고 답답하겠지만 부모가 직접 나서야 한다.

ADHD를 예로 들어 부모가 자녀의 문제에 어떤 자세와 방법으로 대처해야 하는지 알아보자. 우선 ADHD의 실체부터 파악해볼 필요가 있다. 인터넷에서 ADHD 관련 자료도 찾아보고, 관련된 국내외 논문도 찾아보자. ADHD의 증상, ADHD 판단의 핵심지표, ADHD로 오판할 수 있는 유사상황, ADHD의 최근 연구 등을 부모가 명확히 이해해야 한다.

부모가 ADHD에 대한 이해가 생겼다면 ADHD 진단과 치료로 유명한 병원 4~5군데를 다니면서 진단을 받아보고, 진단 결과를 토대로 심리상담센터를 3~4군데를 방문해서 상담을 해보자. 병원의 진단과 상담센터의 상담을 통해 ADHD가 뇌의 문제인지, 심리적인 문제인지를 교차로 검증할 필요가 있다.

부모는 ADHD 관련 정보와 의사나 상담사의 조언 등을 토대로 차분하면서도 상식적으로 생각을 정돈해야 한다. 산만하고 수업에 집중하지 못하는 현상이 ADHD의 한 현상일 수는 있다. 하지만 필요충분조건은 아닐 수 있다. 똑똑하고 호기심 많은 아이에게 지루한 학교 수업은 집중하지 못하게 하는 큰 요인이기도 하다.

학교 수업은 보통 평범한 학생들의 수준에 맞추어져 있다. 호기심이 상위 5% 이내인 영민한 학생들에게 학교 수업은 지루함 그 자체일 것이다. 당연히 집중하지 못하고 산만할 수 있다. 학교에서 집중하지 못했다는 연락을 받았다면 부모는 자녀를 유심히 관찰해볼 필요가 있다. 자녀가 매사에 집중을 못하는지, 아니면 본인이 관심을 가지는 분야에는 몰입하는데 재미없는 학습에서만 집중 못하는지를 판단해봐야 한다. 만약 관심 분야에는 집중을 잘한다면 ADHD와 무관하다고 봐도 된다. 학교 수업이 자녀의 호기심을 자극하지 못하기 때문에 지루한 것이다.

또한 매사 집중하지 못한다면 한 가지를 더 확인해볼 필요가 있다. 집중하지 못하는데 상황이나 논점을 잘 파악하고 있는 경우가 있다. 이런 경우는 머리가 매우 비상한 아이인 것이다. 짧은 집중으로도 문제의 본질을 파악했는데 쓸데없이 집중할 이유를 찾지 못하는 경우가 대부분이다.

호기심 많고 영민한 아이도 ADHD와 비슷한 유사한 증상을 보일 수 있기 때문에 부모가 전문가의 의견을 감안하되 자녀의 특수한 상황을 파악해서 최종 판단을 하면 된다는 이야기를 해주고 싶다. 똑똑한 자녀를 섣부르게 전문가란 사람들의 판단만 믿고 ADHD 약을 복용해서 평생을 ADHD 환자로 살게 하는 비극을 만들지 않았으면 한다.

지금까지 ADHD 진단이라는 특정 분야를 중심으로 이

야기를 해보았다. 본 글을 통해 전하고자 하는 핵심 포인트는 건강, 교육, 향후 진로 등 자녀의 인생에 큰 영향을 주는 문제에 대해서는 부모가 해당 분야 전문가의 의견을 들어보는 것은 필요하지만 부모가 직접 운전대를 잡고 문제 해결의 중심에 서야 한다는 것이다.

당면한 자녀 문제의 본질을 세부적으로 파악하여 전문가의 의견을 검증해보고, 자녀의 특수성을 고려하여 최종 판단을 내리도록 하자. 자녀가 성인이 되기 전까지 부모가 자녀가 직면한 문제에 대해 주인의식을 가지고 문제를 해결해 나가자. 주인 된 마음으로 자녀 문제를 자세히 들여다보면 어느새 해결의 실마리가 보이기 시작할 것이다.

더불어 사는 세상에 필수 덕목인 갈등관리 능력 키워주기

 현재 한국 사회는 갈등 사회라고 이름 붙여도 좋을 만큼 갈등이 만연해 있다. 정치적 갈등, 세대별 갈등, 경제적 갈등, 성별 갈등, 교사와 학생 간의 갈등 등 갈등이 폭발 일보 직전까지 고조되고 있다. 갈등이 많다는 사실도 문제지만 더 큰 문제는 다양한 갈등을 중재하고 조정할 수 있는 사회적인 역량이 부족하다는 것이다. 한국 사회에 만연한 부부 갈등, 부자 갈등, 학부모·교사 갈등, 학생·교사 갈등을 보면 갈등의 중재와 조정이 절실히 필요해 보인다.

많은 교육 전문가들이 미래의 리더십으로 갈등관리 능력을 꼽는다. 하지만 교육전문가도, 선생님도, 학부모도 갈등의 원인과 갈등관리 능력의 실체에 대해서는 별도로 관심을 기울이지 않는다. 한국 사회가 갈등관리 능력이 부재하다고 해서 부모까지 자녀의 갈등관리에 대해서 무관심하거나 포기해서는 안 된다.

자녀의 갈등관리는 부모 자신의 문제이기도 하다. 부모가 어릴 때부터 자녀의 갈등관리 역량을 키워주지 않으면 사춘기 이후 자녀는 부모와 본격적인 갈등을 빚을 게 뻔하기 때문이다. 부모로부터 갈등을 해소하고 관리하는 방법을 배우지 못한 자녀는 부모와는 부자 갈등을 겪게 되고, 결혼해서는 부부 갈등이라는 또 다른 악순환의 고리에 빠지게 된다.

사회를 이루는 가장 기본 단위는 가족이다. 가족 단위에서 일어나는 작은 변화가 사회 전체를 변화시키기 마련이다. 한국 사회처럼 새로운 변화에 대한 전파가 빠른 나라가 없다. 가족 단위의 변화를 통해서 사회 전반의 갈등관리 역량을 배양해야 한다. 아울러 자녀의 행복한 삶을 위해서도, 부모 자신의 행복을 위해서도 자녀에게 어릴 때부터 갈등관리 능력을 키워줘야 한다.

그렇다면 먼저 갈등의 근본적인 원인에 대해서 알아보자. 사람은 객관적인 세상을 자신만의 주관적인 의식을 통해 바라본다. 주관적인 의식을 통해서 바라본 세상은 자신이 창조한 자신만의 세상이다. 따라서 모든 사람은 각자 자신만의 세상을 창조하고, 자신이 창조한 세상 속에서 살아가고 있다. 혼자 살 때는 전혀 문제가 되지 않는다. 다른 사람도 내가 마주하고 있는 세상을 살고 있다는 생각은 자신만의 큰 착각이다. 다른 사람도 자신만의 세상 속에서 살아가고 있다.

이렇게 다른 세상을 살아가고 있는 두 사람이 만나면 갈등이 생기게 된다. 우리는 타인과 만나서 조금만 이야기해 보면 어떻게 저런 생각을 할 수 있지? 나와 참 달라도 너무 다르구나 하는 생각이 든다. 타인이 내가 보고 있는 세상과 다른 세상 속에 살고 있다는 생각은 잘 하지 못하게 된다. 모든 갈등의 원인은 타인이 나와 다른 세상 속에 있다는 사실을 이해하지 못하거나 이해하지 않으려고 하기 때문에 발생한다.

가족 간에도 예외는 없다. 아빠, 엄마, 딸, 아들 등 네 명의 가족 구성원은 네 개의 서로 다른 세상을 살고 있다. 네 명의 가족 간에도 부부 갈등, 부자 갈등, 젠더 갈등, 정치 갈등 등을 겪을 수 있다. 가족 구성원 모두는 자신이 마주하는 세상을 다른 사람도 살아가고 있다고 착각한다.
"내 남편은 정말 남의 편인 것 같네."
"시누이 앞에서 어떻게 저런 말을 할 수가 있지?"
"어쩜 아빠는 저런 꼰대 같은 생각을 할 수 있을까?"
"누나는 사이코인가? 어쩜 저런 남성 혐오 발언을 할까?"
이처럼 서로서로 이해할 수 없는 영원한 타인으로 느껴진다.

그래서 모든 사람은 자신이 창조한 세상 속에서 살아간다는 것만 이해해도 나와 마주한 사람에게서 느끼던 불편한 감정은 수그러든다. 아직은 타인을 인정할 수 없지만 저런 세상 속에서 살고 있다면 저렇게 생각할 수도 있겠구나 하는 이해의 여백이 생길 수 있다.

이런 잠깐의 여백이 쌓이면 우리는 타인을 이해의 시선으로 볼 수 있는 마음의 근력이 생기게 된다. 이런 상태가 갈등관리의 시작점이다. 타인이 다른 세상 속을 살고 있다는 점을 이해하지 못하거나 인정하지 않으면 갈등관리의 해결점은 없다고 봐도 된다. 갈등 상대에 대한 불편함이 확장된 불편함 너머의 분노와 혐오만이 있을 뿐이다.

부모가 자녀에게 갈등관리 능력을 키워주려면 부모 먼저 부부 갈등에 대한 꼬인 실타래를 잘 풀어야 한다. 부모에게는 자녀는 자신을 비추는 거울이다. 부부간의 관계가 화목한 가정에서 큰 자녀들은 부모의 일거수일투족을 보면서 갈등관리 방법을 몸에 익힌다.

이렇게 살아있는 교육을 받은 자녀는 현재의 교우관계와 연인관계뿐만 아니라 미래의 부부관계와 부자관계 등의 모든 관계에서 발생하는 갈등을 잘 조율하고 관리할 수 있는 마음의 근력을 가지게 된다. 자녀에게 갈등의 원인을 이해시키고, 원만한 부부관계를 통해서 살아있는 갈등관리 교육을 시켜주자.

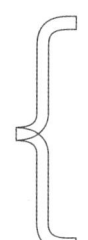 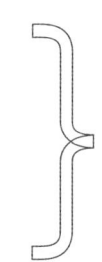

부모가 지하세계의
메두사일 수 있다

'지하세계의 메두사'라는 제목에 마음이 불편한 부모들이 꽤 많은 듯하다. "내가 얼마나 자녀를 사랑하고 헌신했는데 나에게 지옥의 메두사라니 가당키나 한 소리인가?" 하면서 말이다. 이런 가당치도 않은 이야기를 통해서 우리의 잃어버린 지혜를 찾아가 보자.

사춘기 자녀를 바라보는 부모의 시선은 참으로 복잡하다. 지금까지 부모 말 잘 듣고 공부 잘하는 모범생 자녀였는데 요즘 들어 매사 짜증이 늘었고, 자기 마음대로 하려는 성향이 강해졌다. 조언이나 올바른 길을 안내하려면

"내 일은 내가 알아서 할게요." 하면서 짜증부터 낸다. 방에서 무엇을 하는지 나오지도 않고 부모가 방에 들어오는 것도 싫어한다.

사춘기 자녀와의 갈등은 열거하기 어려울 정도로 많지만 부모 입장에서 가장 힘든 것은 부모를 부정하는 듯한 자녀의 태도와 눈빛이다. 부모 말 잘 듣던 자녀가 자신의 주장을 내세우면서 부모의 뜻을 무시하는 듯한 태도로 일관하다 보니 부모와 자녀 관계는 살얼음판이다. "내가 얼마나 너를 아끼고 사랑했는데 네가 어떻게 나에게 이럴 수 있지?" 하는 서운한 감정이 앞선다.

어릴 때 부모를 신처럼 생각하던 자녀는 사춘기에 접어들면서 자신만의 길을 걷고자 한다. 자신의 삶에서 주인공이고 싶은 자녀는 부모가 만든 기존 질서를 무너트리고 자신만의 새로운 질서를 만들고 싶어 한다. 사춘기는 자신만의 질서를 만들고자 하는 창조적 파괴 과정이다. 그리스 신화의 페르세우스처럼 자녀들도 자신만의 영웅신화를 쓰고 싶은 것이다. 이런 자녀의 창조적 파괴 과정을 부모가 강하게 억압하면 자녀는 자신만의 새로운 세계를 만드는 데 실패한다.

페르세우스는 자신만의 세상 탐험에 앞서 지하세계의 메두사와 마주한다. 페르세우스가 메두사에 의해 지하세계에 갇히게 되었다면 페르세우스의 세상 모험도, 영웅 등극도 없었을 것이다. 그리스 신화의 페르세우스나 메두사는 하나의 상징이다. 페르세우스는 창조적 파괴를 통해 새로운 질서를 만들고자 하는 자녀를 상징하고, 메두사는 기존의 질서를 유지하고자 하는 부모를 상징한다.

자녀의 세계와 부모의 세계가 충돌할 때 경험 많은 부모는 자녀세계의 허점과 부족한 점이 보인다. 자녀를 사랑하는 부모는 자녀의 앞길에 있는 장애물을 제거하거나 장애물이 없는 지름길로 안내하고자 한다. 하지만 이런 행위는 자녀가 자신만의 인생 모험을 시작하는 데 전혀 도움이 되지 않는다. 인생 모험은 위험이 가득 도사리고 있는 전쟁터와 유사하다. 사랑하는 자녀들은 이런 인생의 모험과 전투를 통해 자신의 인생에 영웅 서사를 써 내려간다.

페르세우스와 메두사의 상징을 생각하면서 부모와 자녀 관계의 개선점을 모색해보자. 부모와 자녀의 세계관이 충돌하는 경우가 있다. 이럴 때 부모가 자녀의 세계관을 논리나 경험으로 누르려고 하지 말고 가볍게 지지해주자. 자녀의 생각이 무엇이 문제라고 훈수를 두고 싶은 마음을 잠시 내려놓고,

 "아빠도 미처 생각 안 해봤는데 그렇게 생각할 수도 있겠네. 그런 생각을 좀 더 발전시켜 보고 다음에 또 이야기해 보자꾸나. 아빠도 그 부분은 좀 더 생각해볼게."

 이 정도로 자녀의 세계관을 지지해주자. 자녀는 부모의 이런 작은 지지 과정에서 얻은 내적 에너지를 마중물 삼아 메두사의 강력한 힘을 극복해 나갈 수 있다.

 또한 경험 많고 유능한 부모는 은연중에 조언자가 아닌 결정자가 되려고 한다. 자녀가 어떤 문제나 상황에 마주했을 때 부모가 매사 결정을 내려주면 자녀는 부모에게 무의식적으로 의존하게 된다. 부모는 결정자가 아닌 조언자로 남아야 한다. 조언은 현실적으로 해주되, 매 순간의 결정은 자녀가 내릴 수 있도록 도와주자. 말이 안 되는 결정을 내려도 존중해주고, 대신 책임도 같이 자신이 져야 한

다는 사실만은 일깨워주자.

 부모들은 이 지점에서 자주 무너진다. 부모의 인생 경험상 자녀가 문제의 늪에 빠질 것이 안 봐도 뻔한 상황에서 자녀의 결정을 존중한다는 게 정말 쉽지 않다. 하지만 멀리 보고 자녀의 결정을 존중해주자. 부모가 언제까지 자녀의 장애물을 치워줄 수는 없다. 스스로 결정하고, 잘못된 결정에서 교훈을 얻어서 다시 앞으로 나아가는 것이 페르세우스의 인생 모험이고, 영웅 등극 과정인 것이다.

 인류의 역사를 돌아보면, 인류에 업적을 남긴 위대한 인물의 첫째 아들들이 사람 구실도 제대로 못하는 경우를 종종 보게 된다. 시쳇말로 금수저나 다이아몬드 수저를 물고 태어났는데 사람 구실도 못한다는 게 말이 되는가 싶지만 역사적 사실이다. 위대한 부모를 둔 자녀들은 강력한 메두사와 평생을 함께해야 하는 불운을 안고 태어난 것이다. 매번 메두사와의 전투에서 패배하고, 평생을 메두사의 그늘에서 벗어나지 못하면서 메두사의 아바타로 불행하게 살아간다.

부모라는 강력한 메두사를 극복해야만 자녀는 페르세우스의 세상 탐험을 시작해볼 수 있다. 자녀를 세상 탐험도 못하게 지하세계에 묶어놓고 싶은 부모는 없겠지만 일상에서 부모의 기대와 행동들이 지옥의 메두사처럼 작용하고 있다는 사실을 다시 한번 생각해보면 좋겠다.

극단적인 상황에서 모드 전환하는 마음 근력 키우기

 우리는 주변에서 극단적 선택을 하는 사례를 종종 목격하지만 극단적인 선택을 하는 사람을 도통 이해할 수 없었다. 저렇게 모든 것을 가진 사람이 뭐가 아쉬워서 극단적인 선택을 했을까? 또는 극단적 선택의 배후에 우리가 알지 못하는 무슨 음모가 있는 건 아닐까? 등 다양한 생각을 한다. 우리는 극단적 선택을 하는 사람들의 비합리적인 마음을 이해하지 못하고 있고, 이해하려는 노력 또한 해본 적이 없다.

 그런데 이런 극단적인 선택을 하는 것이 남의 일만이

아니라는 사실이다. 우리 주변에서, 또는 우리 가족에게도 언제든 일어날 수 있는 실존적 위협이다. 하지만 우리는 극단적 선택을 이끄는 불합리한 마음에 대해서 아는 바가 하나도 없으면서 마치 우리에게는 이런 일은 발생하지 않을 거라는 확신을 하면서 강 너머 불구경하는 자세를 취한다.

이제 우리는 극단적 선택을 하는 비합리적인 마음의 원리를 이해하고, 가족이나 지인들이 이런 상황에 빠지지 않도록 예방적 대응조치를 취해야 한다. 많은 사람들이 극단적 선택에 대해서 나름의 종교적 신념과 철학적 관념을 가지고 있을 것이라 생각한다. 하지만 오늘 이 글을 읽고 있는 이 순간만이라도 모든 생각을 내려놓고 잠시 귀를 기울여 주었으면 한다.

먼저 비합리적인 마음을 이해하기 위해서 세상을 움직이는 원리인 우주의 세 가지 힘에 대해서 이해하고 넘어가도록 하자. 동서양의 고대 영적 전통에서는 창조의 신을 중심으로 유지의 신과 파괴의 신이 상호 균형을 맞추면서 우주의 질서가 유지된다고 믿어왔다. 인도의 힌두교는 창조의 신 브라흐마를 중심으로 유지의 신 비슈누(Vishnu)와 파괴의 신 쉬바(Shiva)의 3신 체제를 이루고 있다. 창조 → 유지 → 파괴가 순환 반복적으로 일어나고 있는 것이 우주의 질서라고 본 것이다. 기독교도 형태는 조금 다를 수 있지만 창조신인 유일신 야훼를 중심으로 극선인 그리스도와 극악인 사탄이 상호 보완적인 균형을 맞추고 있다.

근대에 들어와서 프로이트는 인간에게 쾌락 충동이 있다는 사실을 발견했다. 이 쾌락 충동은 니체의 삶의 의지나 쇼펜하우어의 본능의 의지와 같이 인간이 가지고 있는 생명 유지에 대한 본능이다. 우주의 모든 이치가 그러하듯이 생명 유지 본능이 있으면 반대의 힘인 파괴 본능이 존재한다. 프로이트는 말년에 인간에게는 쾌락 충동 이외에도 죽음 충동이 있다는 사실을 발견하고 자신의 기존 입장에 수정을 가하지만 두 가지 충동 간의 연관관계에 대해서는 특별한 언급을 하지 않았다.

이제 배경 설명은 이쯤에서 마무리하고 검토된 사실들을 정리해보자면 인간은 합리적인 마음 상태에서는 생명 유지를 위한 쾌락 충동이 존재하지만 비합리적인 마음 상태에서는 파괴 본능의 하나인 죽음 충동을 지향한다는 사실이다. '합리적인 마음은 생존을 추구하고, 비합리적인 마음은 죽음을 지향한다'라는 한 문장으로 정리해볼 수 있다.

사람들의 일상은 대부분 합리적인 마음의 지배를 받고 있다. 합리적인 마음은 생존과 성공을 위해 부단히 노력하고 애를 쓴다. 합리적인 마음에게 있어 죽음은 두려움과 공포 그 자체다. 현대인은 건강하고 오래 살기 위해 운동, 건강 보조식품, 건강검진 등에 필사적이다. 그런데 이렇게 생존에 진심인 사람들이 아이러니하게도 극단적인 상황에서는 손쉽게 죽음을 선택한다.

왜 이런 현상이 일어나는 걸까? 인간은 비합리적인 마음의 지배에 있을 때는 근원으로 돌아가거나 근원으로 돌려놓고 싶어 하는 강한 힘이 작동한다. 인간에게 근원은 창조되기 이전의 상태로 돌아가는 것이다. 인간은 죽음을 통해 근원으로 돌아갈 수 있는 것이다. 자신이 근원으로 돌아가는 것이 자살이고, 타인을 근원으로 돌려놓는 것이 살인 행위이다.

즉 자살과 살인은 비합리적인 마음이 만들어내는 근원으로 돌아가고자 하는 거대한 힘이고, 프로이트는 이를 죽음 충동으로 표현했다. 법정에서 살인자들의 최후진술을 들어보면 "그 순간 흥분해서 정신이 나간 것 같다"라고 말한다. 맞는 말이다. 합리적인 마음이 어떤 외부의 극단적인 자극에 의해 한순간 비합리적인 마음으로 변하면서 대상을 근원으로 돌아가는 죽음으로 돌려놓고자 하는 유혹에 빠지는 것이다. 합리적인 마음 상태에 있을 때는 도저히 생각할 수도 없는 행동이 비합리적인 마음이 지배할 때는 강력한 유혹을 받게 되는 것이다. 오디세우스를 유혹했던 사이렌의 참을 수 없는 노랫소리처럼 말이다.

우리 자녀도 언제든 이런 극단적인 상황과 마주할 수 있다는 사실을 인정해야 한다. 우리 자녀는 문제없다고 한다면 이런 질문을 하고 싶다.

"극단적인 상황에서 튀어나오는 자녀의 비합리적인 마음과 마주해본 적이 한 번이라도 있나요?"

우리가 익히 알고 있는 자녀는 합리적인 마음 상태일

때의 자녀이다. 비합리적인 마음 상태일 때의 자녀는 사춘기에 잠깐 맛보기 정도로 경험했을 뿐이다.

우리의 자녀도 극단적인 상황과 마주하고 비합리적인 마음에 사로잡히면 모든 걸 근원으로 돌려놓고자 하는 유혹을 받게 된다. 그렇다면 극단적인 상황에서 합리적인 마음으로 돌아갈 수 있도록 모드 전환을 할 수 있으려면 자녀에게 어떤 마음의 힘을 길러줘야 하는 걸까?

극단적인 상황은 한순간에 찾아온다. 극단적인 상황에서 모드 전환이 가능하게 하려면 짧게라도 잠깐의 멈춤 상태, 즉 마음의 여백이 필요하다. 부모들이 자녀에게 이런 마음의 여백을 만들어줘야 한다. 잠깐의 멈춤 상태는 비합리적인 마음이 가속화되는 것을 막고, 합리적인 마음이 극단적인 상황 속으로 비집고 들어올 수 있는 여유 공간을 만들어준다.

먼저 비합리적인 마음 상태에서는 근원으로 돌아가고자 하는 강한 힘의 지배를 받을 수 있다는 사실을 명확히 인식시켜야 한다. 자녀가 비합리적인 마음 상태일 때 '아!!

내가 지금 비합리적인 마음 상태이구나. 이럴 때는 세이렌의 유혹을 받는다고 했지. 나도 오디세우스처럼 몸을 돛대에 묶어 놓아야겠네'라는 생각을 해야 한다.

마음의 근력을 키우는 것을 두 단계로 나누어 생각해보자. 극단적인 상황에서 비합리적인 마음에 빠지지 않는 방법과 비합리적인 마음에 빠졌을 때 자기 몸을 돛대에 매는 방법으로 나누어 볼 수 있다. 여기서는 평소에는 합리적인 마음 상태가 지속되는 사람에 대해서만 한정하고자 한다.

첫째, 극단적인 상황에 대비한 마인드 컨트롤

일반적으로 극단적인 상황에 빠지는 경우는 무시당했다고 생각이 들었을 때와 내 것을 빼앗겼다고 생각할 때이다. 무시당했다고 생각이 드는 경우도 두 가지로 나누어 볼 수 있다. 상대는 나를 무시하지 않았는데 내가 무시당했다는 마음이 드는 경우와 상대가 실제로 무시하는 말과 행동을 한 경우를 나누어 볼 수 있다.

전자인 경우에는 자신의 결핍에 함몰되어 자존감이 심

각하게 저하된 상태로 자존감 회복을 위해 전문상담센터의 도움을 받아야 한다. 자녀가 자존감 저하 상태라면 대화도 많이 나누고 보고, 자존감 회복에 심혈을 기울여 줘야 한다. 자존감이 저하된 자녀는 관계, 학습, 성과 등 모든 일에서 문제가 생기기 때문에 자존감 회복에 최우선 목표를 두어야 한다.

후자의 경우에는 무시하고 잘 넘어갈 수 있도록 지도해 줄 필요가 있다. 남을 무시하는 사람은 별로 볼일이 없는 수준의 사람이다. 이런 사람의 말에 휘둘릴 이유가 없다. 이런 점을 잘 설명해주고, 부정적인 기운을 불러오는 사람들과는 관계를 정리하도록 안내해주면 될 것 같다.

전자이건, 후자이건 간에 부모는 타인의 반응에 자신의 미래를 맡기면 안 된다는 의식을 만들어줘야 한다. 자신을 소중하게 생각하는 사람은 타인의 평가에 일희일비하지 않는다. 타인의 평가에 냉정하게 반응하는 게 쉬운 것은 아니지만 이런 이야기를 밥상머리 교육을 통해 스며들도록 자주 들려주면 자녀가 비합리적인 마음에 빠지는 것을 막거나 지연시켜 줄 수 있다.

둘째, 비합리적인 마음 상태에서 자기 통제

비합리적인 마음 상태에 빠지게 되고, 이런 비합리적인 마음 상태가 지속되면 위험해진다. 잠깐의 여유 공간을 만들고, 이를 마중물 삼아서 즉시 합리적인 마음 상태로 돌아가야 한다. 이 상태는 영화 등에서 자주 보게 되는 선과 악의 싸움과 다를 게 없다. 한쪽에서는 정신 차려야 한다고, 다른 한쪽에서는 근원(죽음과 파괴)으로 돌아가야 한다고 속삭인다.

비합리적 마음 상태에 빠졌다는 이야기는 근원으로 돌아가려는 힘이 강해졌다는 이야기이다. 이때 우리를 통제하는 힘은 어디에서 나올까? 다름 아닌 현실 세상에 대한 애착일 것이다. 이런 애착의 근원은 가족애, 이타적인 사랑, 믿음과 신뢰 등을 통해 만들어지는 자신을 가치 있게 여기는 자존감과 세상에 대한 희망이다. 이런 힘만이 근원으로 돌아가고자 하는 강한 마음에 잠깐의 여유 공간을 만들어준다.

그런데 가만히 생각해보면 애착의 세 가지 근원적 마음은 부모가 지금도 자녀에게 베풀고 있는 마음이다. 그렇지 않은가? 가족애, 이타적인 사랑, 믿음과 신뢰 말이다. 그런데 문제는 부모들이 이런 마음과 사랑을 자녀에게 온전하게 표현하고 전해주지 못한다는 게 문제이다. 평소에 부모 마음속에 있는 자녀에 대한 사랑을 잘 표현하고 온전히 전해주자.

자녀가 바라는 것은 성공한 아버지도 아니고, 돈 많이 주는 어머니도 아니다. 자녀들은 부모의 사랑과 진솔한 마음 그리고 자녀에 대한 믿음을 필요로 한다. 모범생 자녀라서 별문제 없겠지 하는 마음을 접어두고 다시 한번 자녀들을 잘 살펴보자. 망아지처럼 날뛰고 반항하는 자녀보다 모범생 자녀가 더욱 위험할 수 있다. 평소에 자녀와 대화를 나누면서 자녀에게 부모의 사랑과 믿음을 느끼게 해주자.
"세상 모두가 우리 딸(아들)을 이해해주지 못하는 상황일지라도 아빠와 엄마는 언제나 너희 손을 잡아줄게."
이런 믿음을 자녀에게 심어주어야 한다.

지속적으로 비합리적인 마음 상태가 지속되는 사람은 거의 대부분 부모와의 애착관계에 문제가 있다. 특히 엄마와의 애착관계에 문제가 있는 경우에는 예외는 없는 듯하다. 이런 사실을 종합해보면 현실세계의 근원인 어머니(부모)에게 돌아갈 수 있는 통로를 잃어버린 사람은 죽음과 파괴를 통해 더 큰 우주의 근원으로 돌아가고자 하는 것이라고 정리할 수 있다.

극단적인 상황에서 모드 전환을 할 수 있는 마음의 근력은 부모의 사랑과 자녀에 대한 믿음을 통해 만들어진다. 그런데 이런 근력은 하루아침에 만들어지지 않는다. 지속적이고 꾸준히 사랑과 믿음을 주다 보면 어느덧 단단한 마음의 근력이 자녀에게 만들어져 있을 것이다.
 "현명한 부모님들!! 회사 일에 바쁘고 일상의 삶이 고단하겠지만 잠깐의 짬을 내어 자녀와 진솔한 대화도 나누면서 사랑과 믿음을 전해주도록 해요. 부모 역할이 어디 쉬운가요? 자녀는 부모의 성숙을 위한 신의 선물이라고 하잖아요."

가짜 뉴스와 선전선동 정보로부터 자녀를 보호하기

 지인 중에서 유튜브에 이런 글이 돌던데 어떻게 생각하냐고 의견을 묻는 분이 있었다. 처음에는 상식적으로 생각해보면 금방 확인할 수 있는 일이 아닌가 하는 생각이 들었다. 그런데 주변을 살펴보니 이런 사람들이 한둘이 아니었다. 넘쳐나는 정보의 홍수 속에서 우리는 정보를 검증하는 능력을 점차 상실해가고 있다. 정보가 넘쳐나기 때문에 정보를 검증하면서 받아들일 마음의 여유가 없거니와 자신과 비슷하게 생각하는 사람들의 글이나 정보만을 접하다 보니 다른 세상이 어떻게 돌아가는지 알지도 못한다.

편향된 정보를 진짜로 믿게 되면 왜곡된 세상과 마주하게 된다. 사실의 진위를 검증할 수 있는 능력을 잃은 사람들은 가짜 뉴스, 선전선동을 일삼는 정치인과 음모론을 퍼트리는 사람들의 먹잇감으로 전락한다. 자신의 생각과 영혼이 의도를 가진 불손한 사람들에 의해 잠식된다.

이런 조짐은 한국 사회 전반에 만연하면서 사회적 문제가 되고 있다. 마치 사이비 종교에 빠진 신도가 왜곡된 신념을 가지고 극단적 행동을 하는 모습과 같은 것이다. 색깔론과 음모론, 아스팔트 보수와 극단적인 진보, 젠더 갈등, 종교계와 동성애자들의 갈등 현장에는 왜곡된 정보에 영혼을 빼앗긴 좀비들이 아우성치며 상대를 공격하고 있다.

군대에 다녀온 후에 사이비 종교에 빠져 부모와 절연하고 사는 아들 문제로 고민하는 지인이 있다. 사이비 종교의 교리를 상식적인 관점에서 검증할 수 있는 능력을 지인의 아들은 갖추지 못한 것이다. 자신의 자녀에게 이런 일이 생길 줄은 꿈에도 몰랐을 것이다. 부모 말 잘 듣고 공부 잘해서 유명 대학에 진학한 모범생이 군대에 다녀온 이후

한순간에 딴사람이 된 것이다. 참으로 안타까운 일이다. 지인 아들의 마음이 얼마나 공허했으면 사이비 종교에 빠졌을까를 생각하니 안타까운 마음도 들었다.

한번 좀비가 되면 다시는 정상적인 인간으로 돌아오기 어렵다. 좀비는 자신을 좀비로 만든 자가 세상을 혁신하거나 구원할 구세주로 생각한다. 만족스럽지 않은 현실의 삶보다 구세주가 만든 세상 속에서 사는 게 행복하다는 환상 속에서 살아간다. 영혼을 구세주에게 헌납한 좀비는 비정상적으로 왜곡된 세상에서 구원과 안식을 얻었다고 생각한다.

부모의 눈에 평범하고 아무 문제 없다고 생각한 자녀가 사이버 세계에서는 선전선동을 일삼는 정치인, 사이비 종교인, 음모론자에 영혼을 빼앗긴 좀비가 되어 있을 수 있다. '내 자녀는 절대 그럴 리가 없다'라고 생각하지 말자. 자녀와 관련된 이야기도 나누어 보고 가짜 뉴스나 선전선동 정보를 검증할 수 있는 능력도 키워주자.

이제 정보의 진위를 검증하는 방법에 관해서 이야기를

해보도록 하자. 가짜 뉴스나 사실의 진위를 검증하는 정보 검증 방법론은 의미 파악, 의미 검증, 저자 검증, 종합 판단 등 4가지 단계로 나뉜다. 각 단계는 세부 단계와 절차를 포함한다.

첫째, 의미 파악

정보의 진위를 검증하기 위해서 먼저 정보의 의미를 정확히 파악해보아야 한다. '내용 파악' 대신에 '의미 파악'이라고 정의한 것은 단순한 내용 파악을 떠나서 저자의 의도와 전체적인 맥락 차원의 의미를 정확하게 파악해야 정보 검증이 가능하기 때문이다.

또한 어떤 주장을 펼치기 위해 인용한 문구 및 데이터 등을 확인하면서 전체적인 의미를 파악해보자. 자신의 주장을 펼치기 위해 저자가 인용한 문구나 수치를 놓치면 상세한 의미 파악에 실패할 수 있다. 가짜 뉴스의 저자들은 인과론적 접근과 추론의 방식을 사용해서 자신의 주장을 편다. 이런 원인-결과의 고리와 연역 추론의 고리를 미세하게 오염시키면 대중을 저자의 의도대로 세뇌시킬 수 있다.

둘째, 의미 검증

의미를 파악하다 보면 의미 검증이 필요하다. 의미를 파악하면서 밑줄 쳐놓은 인용과 데이터를 검증해보아야 한다. 인용한 문구 외에 전체 인용 글을 확인해보고, 인용한 데이터의 본래 목적 등을 검토해보면서 의미를 검증해보면 저자의 의도가 좀 더 명확해진다.

의미 검증을 해보았는데 오염된 부분이 없다는 판단이 들었다면 저자의 주장과 반대 논리가 있는지 추가 검증을 시도한다. 반대 논리가 있다면 두 가지의 논리를 비교하면서 상식적인 관점에서 논리의 진위를 검증해보면 가장 좋다. 하지만 반대 논리 검증이 어렵다면 저자의 주장은 진리가 아닌 많은 관점 중에 하나의 관점이라고 받아들이면 될 듯하다.

셋째, 저자 검증

저자 검증은 저자가 주장한 내용 검증과 동시에 저자 자체를 검증해보는 것이다. 저자의 주장이 평소에 불신받은 적이 있는지, 선전선동을 일삼는 사람인지, 다른 이슈로 문제가 된 적이 있는지, 정치나 종교 등에서 극단의 편향된 시각을 가졌는지를 확인해보자. 이런 경력이 있는 저자의 주장은 엄격한 의미 검증을 해볼 필요가 있다.

진리의 가면을 쓴 자들은 음모의 악취를 풍긴다. 그리고 이런 악취는 아무리 숨기려고 해도 주변으로 흘러나올 수밖에 없다. 대개 이런 악취는 자신의 추악함을 숨기지 않아도 되는 가족과 측근을 통해 밝혀지게 된다.

넷째, 종합 판단

의미 파악, 의미 검증, 저자 검증의 방식으로 정보 검증을 해보면 가짜 뉴스의 80% 정도는 걸러진다. 판단에 모호한 부분이 있다면 좀 더 구체적으로 파고 들어가 보면 좋다.

구체적인 파악을 시도하다 보면 결국 어떤 사안의 본질에 대한 접근을 시도하게 된다. 정치 문제, 경제 문제, 영성 문제, 건강 문제, 심리 문제 등의 본질적인 깊이가 깊어질수록 선동가가 판칠 수 있는 영역은 줄어든다. 자신의 신성한 영역을 선동가에게 넘겨주지 말고 자신의 영혼으로 채워나가자. 지금까지 가짜 뉴스와 선전선동 정보 등을 검증하는 방법에 대해서 알아봤다.

이제 정보 검증보다 더 중요한 자신의 마음을 살피는 것에 대해서 알아보자. 우리의 마음 내면에 있는 결핍과 분노를 해결해줄 현실의 피에로를 찾으면서 세상의 진실을 외면하고 싶은 비합리적인 마음이 자리하고 있는지 확인해볼 필요가 있다. 어둡고 음침한 현실 세상을 직시하는 것보다 선동가에 취해 환상 속의 세상에 살고 싶은 마음이 있을 수도 있다.

요즘은 이런 마음을 가진 사람들이 많은 듯하다. 진실을 알고 싶고, 합리적인 리더를 찾기보다는 자신의 불행해 보이는 현실에 환상의 마약을 주입해줄 피에로를 찾고 있다. 피에로는 언제든 바꾸면 되기에 피에로를 검증할 필요는 없다. 인간은 고통스러운 현실에서 도피해서 자아를 보호하고자 하는 본능적인 자기방어 기제를 가지고 있다. 불행한 현실을 벗어나 가상의 파라다이스에 자리하고 싶어 한다. 이런 점을 헤아리면서 자녀에게 현실을 직시해야 하는 이유와 경험을 제공해주자.

자녀에게 현실감각이 생겼다면 가짜 뉴스와 선전선동 정보에 함몰되면 어떤 문제점이 생기는지, 선동가들로부터 자신을 지키기 위해서는 왜 균형적인 시각이 필요한지, 검증 방법론을 자녀의 생활영역에 적용해봐야 하는지 등에 대해 평소에 자녀와 충분히 소통할 필요가 있다.

이를테면 젠더 문제에 적용해보자. 잘못된 젠더 갈등은 '이성이 하나 되고자 하는 욕망인 사랑'의 근본 가치를 심각하게 훼손시킨다. 상대 이성의 가치를 부정하는데 사랑과 결혼 그리고 출산이 가능하겠는가? 젠더 갈등은 자녀의 현재와 미래를 좀먹는 심각한 문제라는 사실과 젠더 갈등을 부추기는 선동가들의 논리에 함몰되지 않도록 자녀를 이끌어줘야 한다.

젠더 문제부터 시작해 정치 문제, 경제 문제, 종교 문제로 점차 영역을 확장해 나가 보자. 안일함을 버리고 미리 준비해서 대비하자. 자녀의 영혼이 선동가, 사이비 교주, 사기꾼 등에게 함몰되면 부모는 결국 자녀를 잃게 된다. 공부도 잘하고 부모의 말도 잘 듣던 모범생 자녀가 어느 날 함몰된 영혼의 좀비가 되어 부모를 경악하게 할 수 있다. 나중에 늦었다고 후회하고 괴로워하면서 포장마차에서 혼자 술잔을 기울이지 말고 작은 것부터 하나하나 실천해 나가자.

부모가 자녀에게 어릴 때부터 부자 지능의 씨앗을 심어서 경제 관련 초기 기억을 잘 만들어주면 자녀는 평생을 건강한 투자 마인드를 가지고 경제적인 풍요를 누리며 살아갈 수 있다.

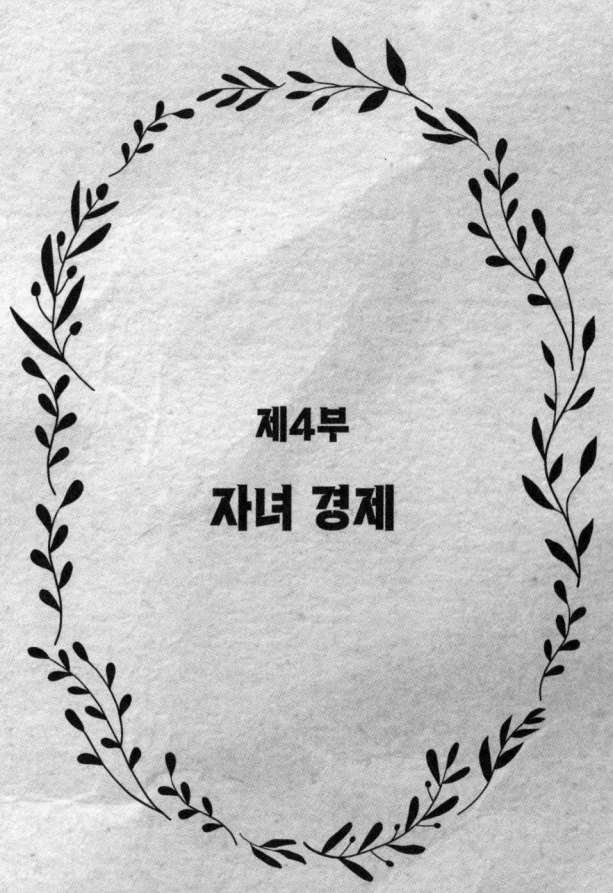

제4부

자녀 경제

01
아무도 자녀의 돈 공부를 시켜주지 않는다

　나는 시골에서 자랐다. 아버지는 농사를 지으면서 자연의 성실함과 절약정신을 자녀에게 유산으로 남겨주고 싶어 하셨다. 이런 생각을 갖고 계신 아버지는 자식들에게 유독 절약을 강조하셨지만 중학교 시절의 나는 절약도 중요하지만 세상의 필요를 잘 파악하여 돈의 유입을 만드는 것이 더욱 중요하다고 생각하고 있었다.

　같은 동네에 살다가 대도시로 이사를 간 친척이 계셨다. 친척분은 재주도 많으셨고, 세상이 원하는 것을 잘 파악하셨다. 어린 마음에도 사람들의 필요를 채워주면서 돈의 유입을 만들 수 있는 친척분처럼 경제활동을 해야 한다는 생각이 들었다. 이런 생각을 하고 있던 나는 절약만 강조하시는 아버지의 경제교육을 마음속으로 수긍하고 있지 못했다.

이런 마음은 '세븐업 치약 사건'으로 이어졌다. 아버지가 치약 심부름을 시키셨는데 하필 럭키 치약은 없고 가격이 비싼 세븐업 치약만 있었다. 다른 가게는 멀었고, 신제품에 대한 호기심도 있어서 세븐업 치약을 사왔다. 세븐업 치약 사건으로 저녁에 아버지에게 호되게 꾸지람을 들었다. 아버지는 내가 절약정신도 없고 겉멋이 들었다고 생각하셨고, 나는 아버지의 오직 절약정신에 불만이 있었다. 아버지가 혼을 내면 "죄송합니다. 다음부터 조심할게요"라고 했으면 될 일에 난 입을 꾹 다물고 아무 말도 하지 않았다.

다음날 아침에 나의 반항적인 표정이 문제가 되었다. 다시 태도 문제로 혼이 나던 도중에,
"럭키 치약이 없어서 세븐업 치약을 사왔는데 그게 뭐가 그리 잘못된 거죠? 그리고 가격이 얼마나 차이가 난다

고 어제부터 오늘까지 혼내시는 건지요?"

이런 볼멘 항변을 하고 나서 나는 평생 기억에 남을 만큼 혼이 났다.

어른이 되어서 생각해보면 아버지는 성실하셨지만 세상의 필요를 파악하고 돈의 유입을 만들 수 있는 감각은 없으셨던 것 같다. 부모님을 통해 살아있는 투자 경험과 투자 감각을 배우지 못한 우리 집 자녀들은 대부분 투자에 대해서는 문외한이기도 하고 관심도 없다.

자녀는 부모의 삶을 모방하면서 배운다. 절약정신만을 강조하는 부모를 만난 자식은 열심히 일해서 은행에 저축하는 것을 최고의 미덕으로 알고 살아간다. 투자는 리스크가 있고, 대출을 받아 투자하는 것은 투기꾼이나 하는 나쁜 행동이라는 마음이 내재화되어 있다.

경제적으로 최악의 부모는 은연중에 부자는 부패했고 나쁘다는 의식을 자녀에게 심어주는 부모이다. 부자를 악마화하여 자신의 경제적 무능을 희석시키고, 도덕적 우월성을 자녀에게 보여주고 싶은 마음은 충분히 이해

된다. 하지만 그 피해는 고스란히 자녀에게 돌아간다. 대를 이어 가난이 대물림된다. 이런 부모 밑에서 자란 자녀는 자본주의 세상에서 정상적으로 살아가기 힘들다. 부모가 앞장서서 자녀를 경제적인 무능의 수렁에 밀어 넣는 것이다.

부모는 자녀가 경제적으로 부유하게 살기를 소망한다. 부모들이 학교 성적과 좋은 대학 입학에 목을 매는 것도 결국에는 자녀의 경제적 안정을 위해서다. 공부를 잘해야 좋은 대학에 가고, 좋은 대학에 가야 좋은 대기업에 입사해서 높은 연봉을 받고, 안정된 생활을 할 수 있다고 생각하기 때문이다.

이렇게 부모들이 돈을 중요하게 생각하고, 돈 때문에 체면을 뛰어넘은 사례도 나타나지만 자녀의 돈 공부를 중요시하는 부모는 그리 많지 않다. 본인이 부모의 삶으로부터 경제적 지혜를 물려받은 게 없어서 자식에게 어떤 방식으로 돈 공부를 시켜줘야 하는지 막막한 것이다. 부모가 지식과 감각이 없으면 투자 전문가의 도움을 받거나 주변의 투자 멘토를 활용하는 것도 좋은 방법이다.

투자 마인드 형성에 부정적인 영향을 주는 것 중의 하나가 이데올로기 관점에서 시장경제를 바라보는 부모의 마인드이다. 우리는 현재 자본주의 시스템에서 살아가고 있다. 그런데 자본주의 시장 시스템의 한계를 부각하면서 자본주의를 부정하면 자본주의를 활용하기가 어렵다.

자신의 내면의 욕망과도 배치되는 선택을 하는 것이다. 욕망과 이데올로기가 충돌하면서 이중적인 모습을 보이게 된다. 대중 앞에서는 도덕적 스카프를 쓴 것처럼 행동하고, 개인적인 삶에서는 부패한 자본주의자처럼 행동하는 내로남불을 보일 수가 있다. 시장경제 시스템을 이데올로기 관점에서 바라보지 말고 자본주의를 이해하고 활용하되 자본주의의 부작용을 해소하는 방법으로 접근하길 추천한다.

모두가 돈 공부가 중요하다고 생각하지만 어떤 교육기관에서도 돈 공부는 시켜주지 않는다. 부모가 직접 나서야 한다. 자녀의 내신을 올리려고 사회탐구나 과학탐구를 공부해서 자녀에게 가르치는 것도 중요하지만 투자에 대한 지식과 통찰을 자녀에게 전수하면 자손 대대로 부유하게 살 수 있다. 막막하기만 한 자녀의 돈 공부를 어떤 방법으로 시작해보면 좋을까?

가장 간단한 방법은 자본주의 시스템의 본질을 잘 설명한 책이나 EBS 동영상 등을 자녀와 같이 시청하고 대화를 나누어 보는 것을 추천한다. 대화 중에 자연스럽게 자녀의 궁금한 질문에 대답하는 방식으로 자녀에게 전하고 싶은 경제적인 조언을 해주면 좋을 듯하다.

투자를 잘하기 위해서는 대중의 욕망을 이해하는 심리학, 투자 원칙과 기준을 정하는 철학, 시장경제를 큰 틀에서 이해할 수 있는 경제학 등에 대한 독서가 아주 중요하다. 기본서를 선택해서 책을 읽고 자녀와 독서토론을 하는 기회를 가져보자.

독서토론을 하면서 어떤 투자에서 어떤 공부와 통찰이 필요한지도 실례를 들어가면서 설명해주자. 부모의 부동산 투자 사례나 주식 투자 사례를 공유하면서 대화를 해보면 더욱 좋다. 부동산 투자를 위해 임장에 동행하면서 부모의 노하우를 공유해주는 것도 좋다. 부모가 자녀에게 돈 공부를 잘 시켜주면 자녀와 자녀의 후손들은 대대로 풍성한 투자의 과실을 추수할 수 있다.

자녀가 어릴 때부터 부자 지능의 씨앗을 심어주자

 심리학에 '초기 기억'이란 개념이 있다. 어린 시절에 가지는 삶에 대한 최초의 관점이나 기억을 말한다. 그런데 이 초기 기억은 어른이 된 후에도 삶에 많은 영향을 미친다. 좋은 초기 기억이 있는 사람은 긍정적인 사람으로 성장하고, 나쁜 초기 기억이 있는 사람은 부정적인 감정들에 노출되기 쉽다. 이런 초기 기억은 뇌에 각인되어 평생 삶의 성향과 태도를 결정한다.

 자녀에게 초기 기억을 잘 만들어주면 가장 좋겠지만 쉽지 않은 일이다. 자녀의 초기 기억 시점을 부모가 어떻게 판단할 수 있겠는가? 어릴 때 기억이 평생을 간다는 의미로 받아들이면 좋을 듯하다. 초등학교 때 학교 도서관에서 읽었던 풀루타르크 영웅전, 구약성경, 삼국유사 등이 지금도 기억에 선명한 걸 보면 어릴 때 기억이 평생 간다는 말이 맞는 것 같다.

부모가 자녀에게 어릴 때부터 부자 지능의 씨앗을 심어서 경제 관련 초기 기억을 잘 만들어주면 자녀는 평생을 건강한 투자 마인드를 가지고 경제적인 풍요를 누리며 살아갈 수 있다. 어린 자녀에게 어려운 경제와 투자 등에 대한 부자 지능의 씨앗을 뿌려야 하는지 의아해하는 부모들이 있을 듯하지만 초등학교 고학년부터는 교과서에 고전 경제학 기반의 경제 개념이 나온다.

그런데 고전 경제학은 인간이 합리적이라는 가정하에 만들어진 죽어 있는 경제 개념이다. 인간은 합리적이라기보다는 욕망과 충동의 지배를 받는다. 자녀들은 초등학교 고학년부터 대학에 입학하기 전까지 현실의 시장에서 더 이상 동작하지 않는 죽어 있는 경제 개념을 좋은 점수를 받기 위해 암기식으로 공부한다.

정규 교육 과정을 통해 경제는 어렵고 재미없는 분야라는 인식이 자녀들 마음속에 싹트기 시작하면 자녀는 투자 세계에서 점차 멀어져 간다. 성인이 되어 투자시장이나 금융시장에 진입하더라도 학교에서 배운 죽어 있는 경제 개념 때문에 욕망 기반의 투자세계에 적응하지 못하고 투자 실패로 이어지곤 한다. 고전 경제학 기반의 죽어 있는 경제 개념에 자녀들이 함몰되기 전에 자녀들에게 살아있는 부자 지능의 씨앗을 잘 뿌려줘야 한다.

부모들은 자신도 경제를 잘 모르는데 자녀에게 어떻게 부자 지능의 씨앗을 심을지 고민이 많을 수 있다. 하지만 너무 걱정하지 않아도 된다. 부모들에게 경제학을 전공한 사람의 지식을 요구하는 게 아니니 말이다. 시장에서 통용될 수 있는 살아있는 경제 개념 중에 가장 근간이 되는 개념을 자녀의 눈높이에 맞추어 잘 설명해주자.

필요하면 잘 만들어진 자본주의의 역사나 화폐의 역사 등 경제 관련 EBS 동영상을 같이 보면서 자녀가 궁금해하는 사항을 부모의 투자 경험과 실사례와 연결해서 재미있게 설명해주자. 부모가 실패를 통해 얻은 투자 경험과 중요하다고 생각하는 경제 개념 그리고 실행하지 못해 후회하는 투자방법 등이야말로 살아있는 투자교육이다.

다만 아이의 마음과 관점이 우선되어야 한다. 부모의 일방적인 설명은 부작용만 만들어낼 수 있으니 재미없고 죽어 있는 경제 개념을 가지고 자녀에게 경제교육을 시킬 거면 차라리 아무것도 하지 않는 게 좋다.

또한 실생활에서 부모가 얻은 통찰을 자녀에게 전해주는 것도 부자 지능 씨앗을 심는 방법이다. 부모는 자녀가 실생활에서 돈을 잘 관리하고 검소한 습관이 몸에 밸 수 있도록 안내하고 도와줘야 한다. 부자로 살려면 많이 버는 것도 중요하지만 검소한 마인드와 돈을 잘 관리하는 역량이 우선되어야 한다.

검소함이 몸에 습관처럼 배인 상태에서 돈을 잘 관리하는 역량을 만들면 부자로 가는 길의 50%는 해결된 것이다. 주 단위로 용돈을 주고, 용돈을 잘 관리해서 쓸 수 있도록 안내해주자. 주 단위 용돈관리가 잘 되면 월 단위 용돈관리로 넘어가면 된다. 여기서 부모가 명심해야 할 것이 용돈은 필요하다고 생각되는 수준에서 조금 모자라게 주는 것이다. 그래야 자녀가 절약하는 방법과 검소하게 생활하는 법을 배울 수 있다.

부모가 자녀를 데리고 백화점에 가서 비싼 옷을 사입히는 행동 등 검소하지 않은 행동은 자제하는 게 좋다. 사치하는 부모를 보고 큰 자녀는 잘 살 수도 없고, 행복해질 수도 없다. 경제적인 여유가 있더라도 자녀의 미래를 생각한다면 부모도 검소하게 생활하면서 자녀에게 검소함이란 덕목을 심어줘야 한다.

부모가 얻은 투자 통찰을 자녀에게 스며들듯 노출시켜 부자 지능의 씨앗을 심는 것도 아주 좋다. "투자의 기본은 내 집 마련부터이다"란 말은 전설적 투자자 피터 린치가 한 말로 개인적으로 자녀와 지인들에게 자주 하는 말이다. 이런 간단한 말 한마디가 자녀의 경제적 미래를 바꾸어 놓는다.

지인 A가 있다. A는 분당에서 전세를 살고 있었다. 2005년경에 A가 전셋집을 옮기는 문제로 고민을 하고 있었다. 나는 이참에 좀 무리가 되더라도 집을 구매해보면 어떻겠냐고 제안했다. 일주일이 지난 시점에 어떻게 진행되고 있냐고 확인을 해봤더니 A는 차 한 잔 하면서 이야기를 꺼냈다.

앞으로 경제활동 인구도 줄 것 같고, 경제도 침체국면으로 접어들 것 같아서 앞으로 쭉 전세로 살기로 부부가 합의했다고 한다. 할 말은 많았지만 그 후로 A에게는 부동산 이야기는 하지 않았다. 신념을 가진 사람에게는 어떤 말도 귀에 들어오지 않기 때문이다.

A와의 대화 이후에 나는 자녀에게 부자 지능의 씨앗을 뿌려야겠다는 생각이 들었다. 어릴 때 필요한 씨앗이 뿌려지지 않았거나 잘못된 씨앗이 뿌려지면 평생을 부에 대해 부정적인 프레임을 갖고 살아가게 된다. 자녀들과 대화할 기회가 생기면 "투자를 실행할 때는 반드시 배우자와의 합의가 우선이다"라는 말도 해준다. 배우자가 반대하는 투자는 하지 않는 게 좋다. 배우자가 반대하는데 투자를 실행한 경우를 생각해보자. 투자에 성공하면 "너 잘났어"라고 빈정거릴 것이고, 실패하면 "내가 뭐랬어? 하지

말랬잖아? 난 이제 당신이랑 못 살겠어. 우리 이혼하자"라고 말할 것이다.

반대하는 투자를 실행해서 투자에 실패하면 결혼 자체가 파탄으로 치달을 수 있다. 만약 배우자가 투자에 반대하면 내가 배우자를 설득한 수준의 내공이 없다고 생각하고 단념하거나 실력을 좀 더 연마해서 배우자를 설득해야 한다. 또한 부부는 반대의 성향을 보이고 있기 때문에 서로의 단점을 보완해줄 수 있는 좋은 조언자이다. 추진력이 강하지만 섬세하지 못한 사람은 배우자의 보수적이고 꼼꼼한 부분을 수용하여 취약점을 보완할 수 있다.

이렇게 부모들이 경제활동을 하면서 중요하다고 생각했거나 책 등의 간접적인 수단을 통해 알게 된 경제적인 통찰을 자녀 눈높이에 맞게 식사 자리에서 짧게 노출시켜주자. 또한 자녀가 참조하면 유익할 것 같은 경제 기사가 있으면 부모의 의견을 달아서 자녀에게 전달해주면 좋다. 이런 사소한 행동들이 모이고 모여서 자녀의 부자 지능의 씨앗을 심는 것이다. 자녀에게 빈곤한 미래가 아닌 풍족한 미래를 유산으로 물려주고 싶다면 바로 부자 지능의 씨앗을 뿌려보자.

준비되지 않은 자녀에게
부모의 돈은 독사과가 될 수 있다

초등학생에게 꿈이 뭐냐고 물었더니 건물주라고 답했다고 해서 언론에 화제가 된 적이 있다. 초등학생의 꿈이 건물주라는 게 문제 될 건 없다고 생각한다. 자신의 본업에 충실하고 투자에 성공해서 건물주가 되겠다면 이것도 좋은 미래의 꿈이라는 생각이 든다. 하지만 자신의 노력이 아닌 부모가 이루어 놓은 건물을 물려받아 건물주가 되고 싶다면 문제는 그리 간단해 보이지 않는다.

누구라도 삶이 고단하면 잠깐 그런 생각을 할 수 있다. 하지만 건물주가 되고 싶다는 욕망 속에 부모에게 물려받을 게 없는 자신의 처지를 흙수저라고 깎아내리면서 무의식중에 자기 부모를 원망하고 있다면 마음이 병들어 있는지 점검해볼 필요가 있다.

 금수저 자녀와 금수저를 꿈꾸는 흙수저 자녀 중에 누가 더 삶의 만족도가 높을까? 이런 말도 안 되는 질문이 어디 있냐고 반문할 것 같다. 금수저 자녀가 당연히 삶의 만족도가 높다고 생각할 것이다. 그럼 다른 질문을 해보자. 현직 대통령이 삶의 만족도가 높을까? 아니면 미래의 대통령을 꿈꾸는 젊은 정치인이 삶의 만족도가 높을까? 이것도 당연히 현재 권력을 누리고 있는 현직 대통령이 삶의 만족도가 높다고 생각할 것이다.

 사람들은 타인이 만들어 놓은 집단적 욕망을 욕망한다. 모두가 미인이라고 인정하는 여인에게서 매력을 느끼고, 모두가 원하는 재산과 권력을 탐한다. 자신의 내적인 목소리는 외면하고 실체도 없는 집단의 욕망을 좇아가는 것이다. 하지만 곰곰이 생각해봐야 할 지점은 삶의 만족도는 타인이 생각하는 만족도가 아니라 스스로 느끼는 만족도라는 것이다.

그렇다면 만족도 관련한 마음의 동작방식을 들여다보자. 먼저 만족에 관한 역치의 법칙이다. 40인치 TV를 보던 사람이 60인치 TV를 구입하면 처음에는 만족도가 엄청 증가하지만 한 달 정도 지나면 만족도는 40인치 TV를 보던 때로 돌아간다. 대신 60인치보다 작은 TV를 보면 불편함을 느낀다. 이런 경우 만족에 대한 역치가 40인치에서 60인치로 증가한 것이다. 만족에 관한 역치의 법칙에서 명심해야 할 것은 만족도의 역치를 높여놓으면 불편함도 함께 증가한다는 사실이다.

이런 사례는 일상의 삶에서 폭넓게 발견된다. 사업이 성공해서 부자 반열에 오른 사업가 A는 최고급 식당과 5성급 호텔만 찾는다. 주변 사람들의 부러움을 한눈에 받으면서 최고급 서비스를 받는 느낌이 좋다. 최고급 식당의 음식 맛과 5성급 호텔의 편안함과 안락함은 단연 으뜸이다. 하지만 언제부터인가 A는 모든 게 시시해졌다. 최고급 식당의 음식도 지루해졌고, 5성급 호텔도 별다른 감흥을 주지 못한다. 대신에 조금만 급이 낮은 음식점과 호텔에 가면 불평과 짜증이 밀려온다. 최고급에 맞추어져 높아진 만족의 역치가 삶의 전체적인 만족도를 떨어뜨리고 있는 것이다.

성공해서 부유하지만 만족도의 역치를 잘 관리하고 있는 투자자 B가 있다. B는 부유하지만 일상의 삶을 평범하고 검소하게 유지한다. 음식, 주류, 호텔 등의 고급화는 지양한다. 상황에 따라서 편의점 앞에서 노가리에 맥주도 마시고, 비 오는 날에는 파전에 막걸리도 즐긴다. 만족의 역치를 낮춘 덕분에 B는 어떤 술집과 어떤 음식점에 가도 기분이 좋다. 일상의 만족도가 높기 때문에 자연 성격도 유쾌하고, 타인과의 관계도 원만하다.

B는 삶에서 만족도의 역치를 높여놓으면 일상이 지루해지고 권태에 빠진다는 것을 알고 있는 것이다. 일상의 삶이 권태로운 사람들은 자신이 살아있음을 확인하기 위해 새로운 도피처에 빠져든다. 권태의 도피처는 섹스, 술, 향정신성 의약품, 마약 등 다양하다.

좀 더 생각해봐야 하는 것이 도파민이란 호르몬의 분비 원리이다. 도파민은 흥분과 쾌감을 불러오는 호르몬이다. 그런데 도파민이 분비되는 원리를 이해하면 우리의 마음을 이해하는 데 많은 도움이 된다. 도파민은 계획을 세울 때 50%가 분비되고, 계획을 완성했을 때 나머지 50%가 분비된다.

도파민의 분비원리는 성공한 사람들이 왜 우울과 불안에 시달리는지 이해하는 데 중요한 단서를 제공한다. 성공을 위해 노력하고 애쓰는 과정에서는 도파민이 왕성하게 분비되면서 에너지와 활력이 넘친다. 성공을 향해 나가는 과정에서 육체는 고단하고 힘들지 몰라도 정신은 맑고, 마음은 만족이 가득하다.

그런데 성공한 이후에는 모든 게 달라진다. 안정적인 관리가 우선시되면서 더 이상 도파민이 분비되지 않는다. 도파민 부족으로 우울과 불안에 시달리게 된다. 정상의 자리에서 새로운 도파민이 나오려면 더 높은 곳으로 점프해야 하는데 성공 이후의 안주하려는 마음은 새로운 목표를 향한 점프를 어렵게 만든다.

옛말에 인생의 3대 불행으로 초년 성공, 중년 상처, 노년 빈곤이란 말이 있다. 초년 성공이 인생의 3대 불행 중

하나인 이유가 있다. 초년에 크게 성공해서 안주하면 도파민 부족으로 평생 우울과 불안을 느끼면서 살 가능성이 커진다. 인생 초반에 성공한 유명 연예인이 약물중독에 빠져 막장 인생을 살고 있는 모습은 언론을 통해 자주 목격하는 광경이다.

이제 금수저 자녀를 생각해보자. 금수저 자녀는 자신의 의지와 무관하게 부자로 태어났다. 부자 부모에게서 태어난 게 전부다. 그런데 금수저 자녀와 인생 초반에 성공한 사람은 비슷한 환경에 놓일 수 있다. 태어나자마자 자신의 의지와 무관하게 인생 3대 불행 중 하나와 마주한 것이다.

부자 아빠를 둔 자녀는 뭔가 의지를 세우면서 살 필요성을 느끼지 못한다. 아무것도 하지 않아도 평생 먹고 살 수 있는 돈이 있다면 애써 노력해야 할 이유가 없지 않은가? 이 지점이 금수저 아빠의 고민이고, 부모의 돈이 자녀에서 축복이 아니라 지옥이 될 수 있는 지점이다. 의지를 세울 필요가 없는 금수저 자녀는 무력감과 권태에 시달리게 될 것이다. 또한 쉽게 약물이나 마약에 빠져들 가능성이 농후하다.

 자녀 양육에 있어 금수저 부모는 일반 부모보다 몇 배의 노력과 준비가 필요하다. 일단 자녀에게 의도된 결핍을 만들어줘야 한다. 일상에서 결핍을 느끼고, 검소함을 배울 수 있도록 자녀에게 세심한 배려를 해야 한다. 결핍과 검소함만이 만족도의 역치를 낮춰 일상의 모든 것을 풍성하고 온전하게 느낄 수 있도록 해준다.

 또한 자녀가 자기 손으로 자신이 꿈꾸는 세상을 만들어갈 수 있도록 부모가 도와줘야 한다. 자녀가 부모에게 경제적이고, 정신적으로 의존하고 의탁하는 태도를 단호히 잘라내야 한다. 그래야 자녀가 자신만의 의지를 세우고, 자신만의 세상을 만들어갈 수 있다. 금수저 자녀일수록 더욱 가혹하고 혹독한 트레이닝이 필요하다. 자녀를 정신적이고, 경제적으로 감싸고 돌면 자녀는 정신과 마음이 무질서해진다.

 니체 철학의 주요한 개념 중 하나가 삶의 의지이다. 니체는 "인간은 자기 의지력을 통해 행복과 성취를 추구하며, 이러한 의지력이 삶을 향한 열정적인 태도를 보이고 행복을 추구하는 데에 중요한 동력이 된다"라고 말했다. 열정과 행복을 위해서는 삶의 의지가 필요하다는 것이다.

부모는 자녀의 열정과 행복을 위해 자녀가 스스로 의지를 세울 수 있도록 준비시켜야 한다. 넘쳐흐르는 풍요와 만족은 자녀에게 전혀 도움이 되지 않는다. 의도된 결핍과 새로운 꿈을 심어주어 자녀에게 스스로의 의지를 다질 수 있도록 준비시키자. 준비되지 않은 자녀에게 부모의 넘치는 돈은 먹을 때는 달콤하지만 시간이 지나면 독에 중독되어 서서히 죽음을 부르는 독사과 같은 것이 된다. 자녀를 사랑한다면 넘치는 풍요보다는 결핍을 선물해야 한다.

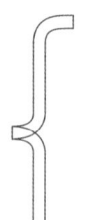

자녀의 시드머니를
긴 호흡을 가지고 준비해주자

 유대인들은 어렸을 때부터 가정에서 금융과 투자 교육을 지속적으로 받으며 자란다. 또한 자녀들의 성인식 때 경제적으로 자립할 수 있도록 시드머니를 만들어주는 전통을 가지고 있다. 12살이 된 자녀에게 가족과 친척이 목돈을 마련하여 성인이 된 자녀가 시드머니로 활용할 수 있게 돕는 것이다.

 오랜 세월 타국에서 이방인으로 살면서 생존 수단의 일환으로 만들어진 유대인의 성인식 시드머니 전통이 현대에 와서는 유대인의 강력한 무기가 되었다. 조기 경제교육과 더불어 성인식의 시드머니 전통은 유대인이 투자 분야에서 두각을 나타내는 핵심 동인이다.

투자 단계에서 시드머니는 매우 중요하다. 일반인들은 직장에 취직한 30대 초반부터 약 10년을 투자 공부와 시드머니를 만드는 기간으로 활용한다. 유대인들은 조기 투자교육과 성인식 시드머니 전통을 통해 다른 국가의 성인들에 비해 약 20년의 시간을 앞당긴 것이다. 한국의 직장인이 30대 초반 투자에 입문한다면 유대인들은 30대 초반에는 벌써 20년 정도 투자 경력을 가지고 있는 것이다. 한국인들이 투자 경험과 시드머니로 무장되는 나이가 40대라면 유대인들은 20대에 모든 게 준비되어 있다고 보면 된다. 투자세계에서 20년 차이는 하늘과 땅 차이다.

부모들은 자녀들의 시드머니를 언제 어떻게 만들어주면 좋을까? 가족 간 합의를 통해 유대인처럼 자녀의 성인식 때 시드머니를 만들어주는 방법도 있고, 세뱃돈과 용돈을 활용하는 방법도 있을 것 같다.

한국에서는 명절 때 세뱃돈을 주고받는 전통이 있다.

자녀들이 명절 때 받는 세뱃돈을 그때그때 의미 없이 소비하지 말고 시드머니 개념으로 별도의 통장을 만들어 저축하도록 하자. 세뱃돈과 용돈을 절약해 작은 규모라도 시드머니를 만들어보자. 그리고 중학교에 입학하는 시점에 여유가 있다면 자녀에게 미성년자 비과세 증여 한도액인 2,000만 원 정도를 증여해서 시드머니를 확충하면 좋다.

시드머니가 2,000~3,000만 원 만들어지면 어떤 방법으로 투자해야 할지를 자녀와 같이 방법도 찾아보면서 논의해보자. 이런 모든 과정이 자녀에게 살아있는 투자 경험을 만들어준다. 가장 안전하고 간단한 방법은 주가지수를 매입하는 방법이다. 코스피 200 지수나 나스닥 100 지수를 매입하여 장기적으로 투자를 하면 안정적으로 수익을 낼 수 있다.

부모가 주식 투자 경험이 있다면 삼성전자, SK텔레콤, 애플, 엔비디아 등 성장형 우량주에 장기 투자를 하는 것도 방법이다. 고등학교 때까지 약 5,000만 원을 만든다는 목표를 가지고 투자 이익금과 세뱃돈 그리고 절약한 용돈을 재투자하자.

투자의 범위도 넓혀 국내, 국외 배당주 투자도 시도해보자. 시중에 배당주 투자 따라 하기 등 잘 정리된 서적이 많으니 참조하면서 배당주 투자에 나서보자. 배당주 투자도 안정적이어서 손실에 대한 염려는 하지 않아도 된다. 다만 배당률에 너무 집중하여 기업 가치가 부실한 기업에 투자하면 투자 원금 손실이 발생할 수 있으니 기업의 미래 가치나 성장성이 우수한 업체 중에 배당 성향이 높은 기업에 투자하는 것이 방법이다.

예를 들면 SKT, KT 같은 통신주는 경기에 영향을 받지 않는 경기방어주로 시가 배당률도 높다. 그런데 자율주행차, 도심형 항공 모빌리티(lUAM; Urban Air Mobility) 등은 통신주를 성장주로 만들어줄 수 있다.

19세에 성인이 되면 비과세로 추가 3,000만 원을 증여할 수 있다. 기존 시드머니, 투자 이익금, 추가 증여자금을 합하면 약 1억 정도의 시드머니가 만들어진다. 1억 중에 5,000만 원은 기존 투자방식인 지수 매입과 배당주 투자를 지속한다.

나머지 5,000만 원은 새로운 투자방법을 모색해본다. 부모가 투자 전문가라면 자녀와 잘 협의해서 투자 방향을 잡으면 좋을 듯하다. 부모는 자녀에게 투자 대안의 장점, 리스크 등을 설명해주고 자녀가 스스로 투자 방향을 선정하게 도와주자.

자녀의 투자는 투자 이익을 극대화하는 게 목표가 아니라 자녀에게 투자 경험을 만들어주기 위한 과정이다. 투자 초기의 작은 실패와 교훈이 모여 앞으로의 큰 성공의 디딤돌이 된다. 자녀에게 안전한 투자 실패를 경험하게 해주자. 투자 초기에 큰 실패는 자신감 하락과 시드머니의 감소로 이어질 수 있으니 무리한 투자보다는 안전하게 투자 경험을 만들어주는 데 주력하면 좋을 것 같다.

자녀의 시드머니를 만들어주는 일은 될 수 있으면 일찍 시작하면 좋다. 누구나 머리로는 복리 효과를 잘 알고 있다. 하지만 투자를 통해 이를 체득한 사람은 그리 많지 않다. 어느 정도 시드머니가 만들어지면 소규모 자본으로 투자 가능한 재개발 도로부지 투자나 초기 스타트업 투자를 고려해볼 만하다. 다만 부모가 투자 경험이 있을 때 가능한 방법이다. 재개발 투자나 스타트업 투자는 모두 시간과의 싸움이다. 시간이 흐를수록 가치가 계단식으로 상승한다.

예를 들어보자. 재개발 투자는 약 10년 동안 재개발 추진위 구성 → 조합 설립 → 사업시행 인가 → 관리처분 인가 → 착공 등의 단계를 거친다. 지역과 위치 등을 고려하여 재개발 도로부지 등에 투자해 놓으면 된다. 대학교 때 재개발 투자를 해놓으면 약 10년 후 사회생활을 시작할 때쯤이면 투자가치가 극대화된 재개발 단지로 변모해 있을 것이다.

초기 스타트업 투자도 장시간을 요하는 시간과의 싸움이기에 자녀의 투자 대상으로 안성맞춤이다. 학생이기 때문에 투자에 일희일비하지 않고 묻어둘 수 있다. 잘 되면 좋고, 아니면 말고의 자세로 말이다. 2~3개 종목에 1,000만 원 정도 투자해서 성공적으로 IPO를 한다면 사회에 나갈 때는 든든한 투자자금이 되어줄 수 있다.

부모가 자녀의 시드머니를 만들고, 투자 과정에 참여하

는 것은 일거양득의 효과가 있다. 부모가 자연스럽게 자신의 투자 경험을 자녀에게 전달해줄 수 있고, 시드머니를 만드는 과정에서 자녀에게 검소와 절약 등의 투자 마인드를 심어줄 수 있다. 투자 교훈이란 담금질과 투자 과실이 주는 성취감을 통해 자녀는 독립된 투자자로 우뚝 설 수 있을 것이다. 부모는 차분하고 준비된 긴 호흡으로 시드머니를 만들어주면서 자녀의 경제적인 독립을 후원해야 한다.

필수 재화와 욕망 재화로서의 돈의 이중성을 현명하게 관리하기

 모든 사람들은 돈을 많이 벌어서 부자가 되고 싶어 한다. 그런데 돈은 우리에게 유익을 제공하기도 하고, 파탄에 이르게도 한다. 부모 입장에서 이런 돈의 이중성은 자녀에게 돈의 개념을 어떻게 심어주어야 하는지 혼란스럽게 한다. 돈이 삶의 전부인 것처럼 받아들이는 자녀도 문제고, 돈을 배척하는 자녀도 삶에 유익하지 않다.

 돈의 이중성을 깊게 고민해본 적이 없는 부모라면 이참에 돈의 이중성을 잘 파악해서 돈의 현명한 활용과 돈의 욕망으로부터 자유로울 수 있는 마음관리를 잘 정립해보

자. 그리고 이런 통찰과 경험을 토대로 자녀에게 돈에 함몰되지 않고 돈을 현명하게 활용할 수 있는 지혜를 전해주자.

돈은 야누스의 두 얼굴을 가지고 있다. 하나의 얼굴은 삶의 필수 재화로서의 돈이다. 돈은 모든 유무형의 재화, 서비스와 교환 가능한 유일한 수단이다. 돈이 인간을 행복하게 한다고 말할 수는 없지만 돈이 부족하면 불행해질 가능성이 커진다. 사람들은 일상적인 생활의 유지, 자녀의 교육, 가족의 건강, 은퇴 이후의 풍요 등을 위해 돈을 필요로 한다. 이렇게 가족의 경제적인 안정과 미래 계획을 위해 필요한 돈은 필수 재화로서의 기능을 가지고 있다.

또 다른 얼굴은 욕망 재화로서의 돈이다. 사람들은 경제적인 풍요를 제외하고도 다양한 이유로 부자가 되고 싶어 한다. 어떤 사람은 타인에게 성공의 증표로 부자의 상징 이미지를 원하는 사람도 있고, 어떤 사람은 돈이 가지는 사회적 권력을 위해 부자가 되고 싶어 하는 사람도 있다. 소수이기는 하나 상대 이성의 섹스 독점권을 확보하기 위해 부자가 되고 싶어 하는 사람도 있다.

필수 재화에 대응하기 위해서는 현명한 자산관리가 필요하고, 욕망 재화에 함몰되지 않기 위해서는 마음관리가 핵심이다. 결국 돈이 가지는 야누스적 이중성은 우리로 하여금 자산관리와 마음관리가 절실하게 필요함을 보여 준다.

자산관리는 잘 되었지만 마음관리가 안 된 사람은 욕망에 함몰되어 불행한 삶을 살게 된다. 마음관리가 잘 되었지만 자산관리가 안 된 사람도 고단하고 힘겨운 삶을 살아갈 수 있다. 야누스적인 돈에 현명하게 대응하기 위해서는 우리에게도 모순적인 대응이 필요한 것이다.

필수 재화로서의 돈은 우리의 육체적·심리적 욕구 충족과 밀접하게 연결되어 있다. 욕구 충족은 우리가 삶을 살면서 마주하는 현실적이며 실존적 이슈다. 돈이 부족하면 삶 속에서 다양한 어려움에 직면한다. 삶에 필수적인 의식주나 안전이 위협받는다. 배움을 포기해야 하고, 병원에서 필요한 치료를 받지 못한다. 은퇴 이후에도 노동시장에서 머무르는 고단한 노후를 보내야 한다.

필수 재화로서의 돈의 규모는 가족마다 다를 수 있다. 하지만 필요한 적정 규모를 달성하기 위해 꾸준한 저축활동과 투자활동을 병행해야 한다. 이런 유형의 자산관리에서는 자본주의 시스템의 활용에 대한 통찰과 지혜를 필요로 한다. 필수 재화에 대한 자산관리의 핵심은 검소한 생활, 규모 있는 소비, 건전한 투자 마인드, 스마트한 자본주의 시스템 활용 등이다.

검소한 생활은 최소 자산으로도 행복함을 유지할 수 있는 황금열쇠이다. 검소함이 결여되면 아무리 소득이 높아도 현금흐름은 마이너스(-) 상태일 가능성이 크다. 평소에 검소함을 유지하는 사람은 다양한 경제적 위기에 물질적 · 심적 대응력이 뛰어날 수밖에 없다. 자녀가 행복해지길 기원한다면 반드시 검소함을 몸에 배게 해줘야 한다.

다음은 규모 있는 소비다. 규모 있는 소비는 소득 수준을 감안한 소비를 해야 한다는 이야기이다. 100의 소득이 있다면 70 정도에서 소비하는 것이 규모 있는 소비로 보인다. 70을 넘는다면 냉정하게 규모 조정을 해야 한다. 규모 있는 소비는 부모가 자녀에게 생활 속에서 보여줘야 한다.

자녀는 부모를 보고 배운다. 규모 있는 소비를 하지 못하는 사람을 배우자로 맞이하면 평생 불화와 다툼이 생길 수 있다. TV에서 가끔 보면 이런 부류의 사람들은 상대 배우자를 탓한다. 자신은 꼭 필요한 돈을 쓴 것뿐인데, 마이너스(-)가 나는 것은 배우자의 소득이 적어서란 것이다.

건전한 투자 마인드는 경제적 관점과 윤리적 관점이 균형을 이루는 투자 마인드를 말한다. 자본시장 투자를 지나치게 윤리적 관점으로 접근하면 자신과 타인의 투자 행위를 부정적으로 인식하게 된다. 자본시장에서 투자와 투기는 명확히 구분되지 않는다. 건전한 투자시장 조성을 위해 감독기관은 악의적인 투기자를 처벌하고 있다. 투기에 대한 판단과 처벌은 감독기관에 맡기고, 타인의 투자를 투기라고 판단하고 비난할 필요가 없어 보인다.

스마트한 자본주의 시스템 활용은 자본주의를 이해하고, 자본주의를 현명하게 활용하는 것이다. 자본주의 시스템 활용은,
'돈이 사라지고 있다.'
'우리 아빠는 왜 점점 가난해지는가?'

'바람처럼 왔다가 안개처럼 사라지는 유동성'

이런 글에서 다양하게 다룰 예정이다. 필요한 내용은 읽어보면 좋을 듯하다.

지금까지 자산관리의 관점에서 중요하다고 여겨지는 검소한 생활, 규모 있는 소비, 건전한 투자 마인드, 스마트한 자본주의 시스템 활용 등에 대해서 알아보았다.

다음으로 욕망 재화에 함몰되지 않기 위해 마음관리에 대해서 알아보기로 하자. 욕망 재화에 함몰되지 않기 위한 마음관리는 자산관리와 완전히 다른 영역이다. 자산관리 영역과 마음관리 영역은 상반된 접근이 필요한 영역이다.

자산관리가 높은 곳을 지향하는 공자의 군자 마인드가 필요하다면 마음관리는 낮은 곳을 지향하는 노자의 현자 마인드를 필요로 한다. 마음관리는 자산관리보다 10배는 더 힘든 것 같다. 노력의 영역이 아니라 내려놓음과 수양의 영역이라서 그런 듯하다.

'내가 욕망하는 것으로부터 나를 지키기'란 말에서 마음관리의 어려움이 느껴진다. 내가 욕망하는 것을 얻는 사람은 많다. 하지만 욕망하는 것을 얻은 사람이 욕망하는 것에 함몰되지 않은 경우는 많지 않다. 현실에서 군자 마인드와 현자 마인드를 동시에 갖춘 사람을 찾기 힘든 것을 보면 자산관리와 마음관리를 동시에 이루어내는 것이 불가능에 가깝다는 것을 이야기해 주고 있다.

돈을 정복한 수많은 갑부들이 돈에 함몰되어 권태와 탐닉에 빠져드는 걸 우리는 자주 봐왔다. 또한 수조의 자산을 만든 사업가가 권태와 우울을 견디지 못하고 자살로 생을 마감한 것만 봐도 욕망에 함몰되지 않는 마음관리의 어려움이 느껴진다.

"천석꾼은 천 가지 걱정을, 만석꾼은 만 가지 걱정이 있다"라는 옛말이 있다. 가진 게 많은 사람은 두 가지 심리적 상태에 직면한다. 하나는 더 이상 가슴이 뛰지 않는 권태이고, 다른 하나는 현재의 위치에서 추락할 수 있다는 공포이다.

권태는 행복 호르몬인 '도파민'과 연관되어 있다. 사업이 승승장구할 때는 도파민 분비가 왕성하지만 사업적 정체가 찾아오고, 큰 차이로 성장해 나갈 수 없으면 도파민 금단현상을 경험하면서 권태와 불안에 시달린다. 또한 사업의 정상에 선 사람은 시시각각 변하는 경쟁적 사업환경에서 한순간 잘못된 의사결정이 한순간 나락에 빠질 수 있기에 항상 추락에 대한 공포를 느끼고 살아간다.

총자산을 늘려가는 시기에는 행복감이 몰려오지만 자산 규모의 정체기를 맞이하거나 자산 증대 전략을 수성 전략으로 바꾸면 도파민 금단현상을 겪으면서 권태와 공포 증상을 겪게 된다. 성공한 사업가가 도파민 금단현상을 겪고 있다면 자신의 자산 형성방법이 더 이상 뇌에 자극을 제공하지 못한다는 것을 인식하고 새로운 사업 영역의 분야를 개척해서 뇌에 새로운 자극을 제공해주어야 한다.

지금까지 자산관리와 마음관리에 대해서 이야기를 나누어봤다. 자본주의를 활용해야 하는 자산관리와 자본주의 욕망을 적절히 조절해야 하는 마음관리로 야누스의 두 얼굴을 가진 돈을 현명하게 관리해보자.

만약 자녀에게 이성친구가 생기면 그 친구와 있었던 이야기를 자연스럽게 할 수 있는 분위기를 만들어주도록 하자. 이야기하면서 부모가 자녀의 연애상담을 해줄 수 있으면 가장 좋다.

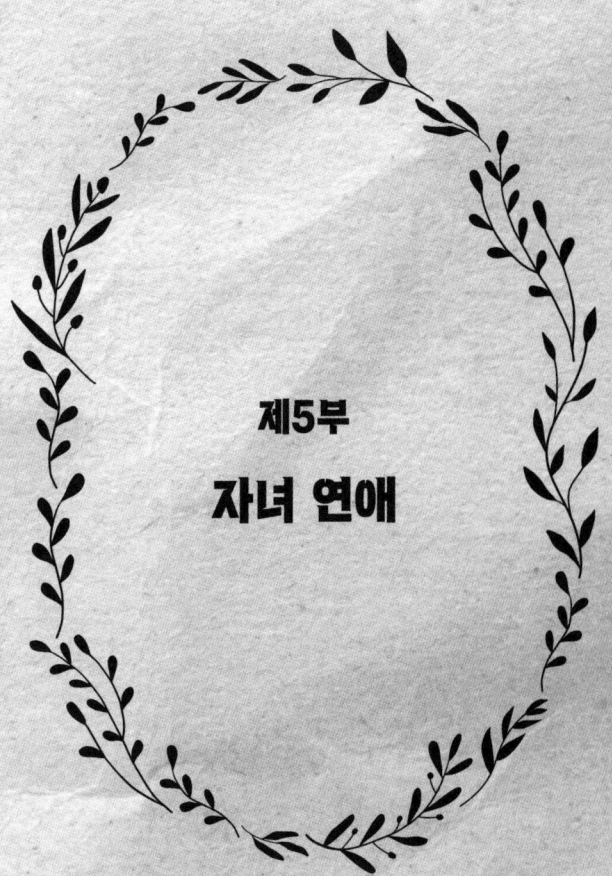

제5부

자녀 연애

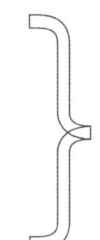

01
자녀와 연애와 성에 대한
진솔한 대화 나누기

한국 사회에서 연애와 성이란 주제는 참 껄끄러운 영역이다. 우리 세대는 이와 관련해 부모에게 어떤 조언도 듣지 못하고 자랐다. 학교에서는 어떤가? 이성친구와 교제하는 행동은 문제아 취급을 받았다. 요즘도 일부 기독교 기숙학교에서 이성교제는 퇴학에 해당하는 사유이다.

사회, 학교, 부모의 바람대로 연애와 성에 대해 방어막을 치고 자라온 우리 세대는 자녀의 연애와 성을 어떤 방향으로 이끌고 있는지, 현재의 방향성이 현명한 것인가를 스스로 자문해볼 필요가 있다. 사춘기 자녀의 관심사 중에 이성에 대한 호기심과 이성교제는 최우선 관심사다. 자녀의 관심사에 부모가 적절하고 현명한 원칙과 방향성을 가지고 안내해 준다면 건강한 이성관계와 향후 건강한 부부관계의 든든한 초석을 만들어줄 수 있다고 생각한다.

부부관계에 어려움을 겪는 사람들은 대체로 이성관계에 대한 부정적인 정서가 깔려 있다. 이런 부정적인 정서는 청소년기 시절에 주변 환경이나 부모에 의해 만들어진 성적 죄책감에 기반한다. 자연발생적인 이성과의 교제를 주변 환경과 부모가 강압적 또는 부정적으로 대응하면 성적 수치심과 죄책감이 만들어지고, 이는 건강한 이성관계를, 더 나아가 건강한 부부관계를 망치는 주요 요인으로 작용한다.

일반적으로 부모들은 이 껄끄러운 주제에 대해서 통제나 방임 그리고 질서 없는 허용으로 대응한다. 어느 방안도 자녀에게 유익하지 않다.

먼저 통제다. 통제는 부모의 직접적인 통제와 종교 등 집안 환경에 의한 간접적인 통제가 있다. 이런 환경에서 자란 아이들은 기본적으로 연애와 성에 대한 부정적인 인식을 가지게 된다. 성에 대한 부정적인 의식이 강해질수록 성적 호기심이란 본능의 유혹도 동시에 강해진다. 자녀는 성적 호기심이 본능 차원에서 올라올 때마다 내면의 수치심과 죄책감에 시달리게 된다.

성적 호기심과 죄책감이란 악순환의 고리가 얼마나 무서운지 알아보도록 하자. 이성관계와 성에 대한 부정적인 정서를 가진 가정에서 자란 A는 사춘기가 지나면서 강렬한 성적 호기심을 느끼게 된다. 친구를 통해 알게 된 인터넷 음란 사이트는 A에게 성적 호기심을 해소할 수 있는 창구가 되어주었다.

'성적 호기심-성적 호기심 해소'라는 고리는 문제가 없어 보인다. 혹여 수단이 인터넷 음란 사이트라 할지라도 말이다. A에게 문제가 된 것은 음란 사이트를 봤다는 사실에 수치심과 죄책감을 느끼면서 자기 처벌을 시작한 것이었다.

자기 처벌은 다시는 인터넷 사이트에 접속하지 않겠다

는 자기 억압을 동반한다. 자기 억압의 누르는 힘이 강해지면 성적 호기심은 에너지를 얻어 더욱 강해진다. 성적 억압과 성적 호기심은 서로에게 에너지를 주고받으면서 거대한 순환 형태의 에너지 고리를 만들게 되고, A는 이런 에너지를 통제하지 못하는 수준에 이르게 되었다.

성적인 문제에서 통제는 최악의 상황을 만들 수 있다. 통제 자체가 문제가 아니라 통제의 논리를 명확히 하기 위해 도입된 수단인 수치심과 죄책감이 문제다. 자녀의 성장 환경이 종교적인 이유 등으로 성적 통제를 내포하고 있다면 자녀의 내면에 쌓여만 가는 수치심과 죄책감에 대한 압력을 빼주어야 한다.

음란물을 보는 장면을 혹시라도 목격하게 되면 절대로 아들을 비난하거나 호들갑을 떨지 말고 태연하게 "우리 아들이 이제 다 컸네." 정도로 마무리하는 게 좋다. 음란물을 보는 것 자체는 전혀 문제가 아니다. 문제는 음란물을 보고 나서 음란물에 반응하는 자녀의 부정성이 문제다. 자녀가 이런 성적 부정성이 생기지 않도록 성적 억압은 최대한 자제하고, 혹시나 자연적으로 생긴 성적 죄책감이 있다면 자연스럽게 압력을 빼주자.

다음은 억압보다는 조금 나은 형태인 방임이다. 방임은 부모 세대의 자연스러운 대응방법이었다. 우리 세대는 사실 음란물을 접할 기회도 많지 않았고, 접할 기회란 것도 남자인 경우 대학 동아리 선배들이 후배 전원을 데리고 가는 집단적이고 개방된 형태의 음란물 시청이 고작이었다.

하지만 미디어 시대를 사는 우리를 유혹하는 것들이 곳곳에 있다. 이런 열악한 환경에서 부모가 적절한 시점에 적절한 방식으로 관여해주는 게 바람직하다. 특별히 많은 관여도 아니다. 성적 죄책감 느끼지 않기, 성적 자기 결정권 갖기, 이성에 대한 성적 존중 정도만 명확히 해줘도 된다. 아들은 아빠가, 딸은 엄마가 자연스럽게 여행이나 저녁 식사 자리를 마련해서 이런 공감대를 형성해주면 좋을 것이다.

성적 죄책감 느끼지 않기는 앞에서 충분히 이야기했으니 성적 자기 결정권에 관한 이야기를 나누어 보자. MZ 세대가 상품화 개념과 효율적 사용이라는 성 의식을 가지고 있다는 것을 감안하면 성에 관한 자기 결정권은 더욱 중요해진다. 어느 누구에게도 침해받을 수 없는 자신의 성에 대해 주인 된 자기 결정이다.

성인이 된 후에도 성적 자기 결정권이 결여되어 있는 사람들을 종종 본다. 성적 자기 결정권은 자존감과 연결되어 있다. 자존감이 부족한 사람은 자기 결정권이 결여되어 있어 이성관계에서도 많은 상처를 받게 된다. 이성에게 받은 상처는 자존감을 더욱더 하락시키면서 악순환의 고리에 빠지게 된다.

자녀가 자존감이 부족하다고 판단되면 두 가지 접근이 필요하다. 우선 자녀의 자존감을 키워주는 것이 우선이다. 그리고 키워진 자존감을 기반으로 성적 자기 결정권을 만들어주어야 한다. 남녀관계에서의 핵심은 건강한 자존감이다. 자존감이 부족하면 이성관계는 자주 갈등을 빚고, 틀어진 이성관계를 복원하는 수단으로 성적 자기 결정권을 상대 이성에게 넘겨주는 연인들이 의외로 많다. 이런 악순환의 고리는 자신을 불행의 늪으로 밀어 넣는다.

이성에 대한 성적 존중은 아들을 둔 부모들이 유념해주면 좋을 듯하다. 성적 주제에 대해 부모들은 딸에게는 엄격하고, 아들에게는 관대한 경우가 많다. 딸에게는 10시 전에 귀가하라고 종용하면서 아들은 허구한 날 새벽에 들어와도 아무 말 하지 않는다. 아주 바람직하지 않다.

아들, 딸 모두에게 동일한 기준을 가져야 한다. 아들에게 이성에 대한 성적 존중이 왜 중요한지, 왜 그래야만 하는지에 대해서 아빠가 나서서 이해되게 이야기를 해줘야 한다. 많은 연인 간의 불상사와 데이트 폭력의 진원지가 이성에 대한 성적 존중에 대한 의식 부족에서 온다. 내 아들이 알아서 잘하겠지, 생각하지 말고 이런 부분은 평소에 명확히 해두면 좋다.

TV나 언론에 관련 사례들이 보도되면 자연스럽게 이성에 대한 성적 존중 의사를 자녀에게 명확하게 피력해두면 좋다. 자녀에게 중요하다고 생각되는 최소한의 이슈에 대해서는 잔소리가 되지 않는 범위에서 평소에 단호한 입장을 피력하는 것도 좋다. 인간은 다양한 흥분 상황에서 동물적 행동을 한다. 그런 흥분된 상황에서도 자녀가 자신을 억제할 수 있는 내적 도덕률을 부모가 만들어주어야 한다.

질서 없는 허용에 대해서도 알아보자. 부모들 중에 이성교제를 포함해 성적 제한 없는 허용을 민주적인 부모나 멋진 부모라고 착각하는 사람들을 종종 본다. 참으로 개탄스러운 일이다. 자유는 멋대로 하라는 게 아니다. 자유를 누리려면 어떤 책임도 감수하겠다는 숙연함을 필요로 한다.

책임 없는 자유가 무질서를 만들어내듯 질서 없는 허용은 방종을 만들어낸다. 자녀의 성적 문제에 대한 허용은 반드시 질서와 규율이 있어야 한다. 질서 있는 허용은 비단 이성교제에 국한되지 않는다.

부모가 이성교제를 허용하는 이유는 허용이 억압보다 낫다는 고심 끝에 나온 결정이다. 부모는 경험상 이성교제의 허용이 가져올 부정적인 상황에 대비해야 한다. 이런 대비에 적절한 대안이 질서 있는 허용이라고 생각한다. 허용은 하되 적절한 선을 반드시 정해주자. 기준선은 너무 빡빡해도, 너무 느슨해도 안 된다.

    이성과의 교제, 이성에 대한 호기심에 대한 부모의 애씀은 자녀의 건강한 내면세계를 만들어주기 위한 것 말고 별도의 목적을 가지지 않는 것이 좋다. 특히 성적을 올리기 위한 수단이거나 이성친구를 골라 사귀게 하는 목적이 있다면 그런 목적을 내려놓는 게 좋다. 자녀만을 보고 진솔하게 이야기를 나누어 보자. 부모가 걸어오면서 겪은 다양한 경험과 힘들었던 점 등을 같이 나누면 자녀가 마음을 여는 데 도움이 될 듯하다.

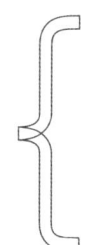 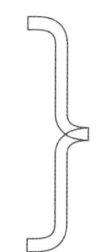

자녀의 이성관계에 대한 경계선 명확히 하기

 부모 입장에서 자녀의 이성관계를 바라보는 시선은 복잡 미묘하다. 어디까지 허용하고, 어디까지 단속해야 하는지에 대한 고심이 많다. 최근 TV에서 방영하는 고딩엄빠를 보면서 부모가 이성관계에 대한 경계선을 명확히 정하고, 이를 자녀에게 이해시키고 설득해야 한다는 생각이 들었다. 학창 시절에 못해봤던 자유연애에 대한 낭만과 동경을 가지고 있는 일부 부모들은 자녀에게 이성관계를 전면적으로 개방해주기도 한다.

 자녀가 성인이 되어 자유연애를 지향하는 것은 자녀가

선택할 문제이지만 판단이 아직 미숙한 자녀를 이성관계의 부작용으로부터 보호해야 하는 것도 부모의 큰 책임 중 하나다. 그렇다면 이성관계의 경계선을 어떤 방법으로 정해야 하는 걸까? 먼저 이성관계의 허용할 수 있는 범위를 정해서 자녀와 이야기를 나누어 보고 허용할 수 없는 영역은 왜 허용이 안 되는지 충분히 설명하여 합의를 이끌어내야 한다.

사춘기가 시작되면 자녀들은 육체적 성관계의 가능성에 놓이게 된다. 200년 전인 조선시대까지도 10대에 결혼해서 아이를 가졌다. 이런 사실을 굳이 이야기하는 이유는 자녀들의 호르몬에 의한 성적 충동이 만만치 않다는 사실을 부모들이 알고 있어야 한다는 것이다.

부모가 자녀의 이성관계를 무조건 막기만 해서도, 대책 없이 허용하는 것도 바람직하지 않다. 먼저 EBS 등에서 적절한 성교육 콘텐츠를 골라 딸은 엄마와, 아들은 아빠와 같이 시청하면서 공감대를 만들고, 자녀가 궁금한 점은 자세하게 설명해주면 더욱 좋다.

어느 정도 성에 대한 이해가 생겼다면 자녀에게 이성관계에서 부모에게 허용받고 싶은 범위를 스스로 정해서 같이 이야기를 해보자고 제안해보자. 자녀도 여러 상황을 고려해서 허용받고 싶은 범위를 정해 올 것이다. 가급적이면 자녀의 제안을 수용하는 게 바람직하다.

다만 허용이 불가하다고 생각되는 부분이 있으면 왜 불가한지를 명확히 설명해주고, 언제쯤 가능한지 시기를 정해주어야 한다. 여기서 중요한 것은 허용 가능하다는 것과 당연히 그렇게 해도 된다는 것은 다르다는 점을 명확히 인식시켜 주는 것이다.

허용 가능성을 부여하는 것은 성적 욕망이 강한 압력을 받는 것을 누그러트리기 위함이다. 내가 언제든 할 수 있는 행위는 욕망을 크게 자극하지 않는다. 욕망은 억압하면 억압하는 강도만큼 강렬해진다. 자녀는 허용 가능의 범위를 정하면서 성적 욕망의 압력이 줄어듦을 스스로 느낄 것이다.

만약 허용 범위에 필요한 준비가 되어 있다면 준비 사

항은 철저히 숙지시켜야 한다. 육체적 접촉에 대한 허용은 보수적인 접근이 필요해 보인다. 예를 들면 스킨십은 허용 가능한 범위에 넣을 수도 있지만 성관계는 불가하다는 지침을 명확히 해주는 게 좋다.

육체적인 성관계의 허용 가능성은 대학에 입학한 이후로 최대한 미루는 게 좋다. 왜 그래야 하는지를 잘 설명해주어야 한다. 고딩엄빠를 같이 시청하면서 성관계와 그 결과에 대해 책임질 수 있는 여건이 되는 최소 시점이 대학생부터라고 설명해주면 좋을 듯하다.

자녀와 허용 가능 범위와 허용이 불가한 범위를 정했으면 이를 자녀에게 자필로 쓰게 하여 문서로 정리해보자. 정리된 문서에는 자녀, 아빠, 엄마가 사인을 해서 집안의 공적 문서로 만든 다음 액자로 만들어서 자녀의 책상에 올려놓자. 이런 일련의 절차와 형식은 자녀에게 스스로와의 약속이라는 점과 책임성을 명확히 한다는 점에서 유용한 방법이 될 것이다.

이런 방식으로 이성관계의 경계선을 명확히 했다면 자

녀와 주기적으로 이성관계와 관련한 대화를 나누는 시간을 가져보자. 1달에 1회 정도 산책하면서 또는 차 한 잔 마시면서 이야기를 나누어 보도록 하자. 이야기의 주제들은 남녀의 '상대 이성에 대한 성적 심리 이해', '상대 이성의 진화적 관점의 차이', '남녀의 다른 성적 욕망' 등이 될 수 있을 것 같다.

만약 자녀에게 이성친구가 생기면 그 친구와 있었던 이야기를 자연스럽게 할 수 있는 분위기를 만들어주도록 하자. 이야기하면서 부모가 자녀의 연애상담을 해줄 수 있으면 가장 좋다. 부모가 연애상담을 해주면 자녀는 직접적·간접적인 연애 경험이 생길 수 있다.

이런 과정을 통해 좋은 연인이나 현명한 배우자를 고를 수 있는 안목과 역량이 생기게 된다. 이성친구를 집에 초대해서 이성관계를 공식화해 주는 것도 좋은 방법이다. 이런 방법은 이성관계나 성 문제가 음성화되는 것을 미리 방지해준다.

이성관계에서 상처를 받을 수 있는 포인트에 대해서도

면역주사를 미리 놓아주면 좋다. 어른에게는 별일 아닐 수 있지만 이성관계에 미숙한 자녀에게는 평생 트라우마가 되어 앞으로의 이성관계 또는 결혼관계를 망칠 수 있기 때문이다. 대표적인 부분이 남녀의 헤어짐에 대한 마음가짐이다.

헤어짐은 어찌 보면 당연한 과정이라고 생각할 수 있지만 받아들이기에 따라서는 내가 매력이 없어서 버림받았다고 생각할 수도 있다. 이런 마음은 앞으로의 모든 이성관계를 검은색으로 물들일 수 있다. 차인 게 아니라 모든 남녀관계는 서로 노력하지 않으면 매력이 점차 사라지면서 헤어짐에 이를 수 있다는 사실을 이해시키면 좋다.

부모의 반대나 자신의 실수로 연인과 헤어진 경우 사람에 따라서는 평생 헤어진 연인의 환상에서 벗어나지 못하는 경우가 있다. 현실에서 누구를 만나도 환상 속 헤어진 연인을 대체할 수 없다. 이런 남녀들은 평생을 독신으로 사는 경우가 많다. 자녀의 연애는 될 수 있으면 반대하지 않는 게 좋다. 결혼 안 한 자녀를 늘그막에 건사하면서 살아야 하는 힘듦이 대가로 주어질 수 있으니까 말이다.

자녀의 이성관계에 대한 글이 너무 비현실적이라고 생각하는 부모들이 있을 듯하다. 공부에 전념해도 모자랄 판에 한가하게 자녀의 이성관계 이야기를 하고 있다고 말이다. 만약 그렇게 생각하고 있다면 지금이라도 생각을 바꿔보자. 좋은 배우자를 만나기 위한 공부와 경험이 세상의 어떤 공부보다 중요하다. 배우자 선택이 인생 행복의 70% 이상을 좌우한다.

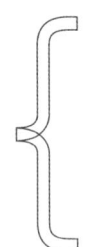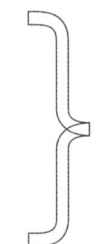

좋은 연인을 선택하는
안목 길러주기

 부모는 자녀가 결혼하겠다고 인사시키는 배우자감이 맘에 안 드는 경우가 많다. 부모도 결혼생활을 해봤기 때문에 이런 배우자감은 아니라는 생각이 들어서 반대한다. 하지만 자녀가 결혼하겠다고 배우자감을 데려오면 부모는 어떤 경우에도 자녀의 결혼을 반대하면 안 된다. 이미 부모의 손을 떠난 문제라서 부모가 반대하면 부모도, 자녀도 불행의 늪에 빠진다.

 자녀가 데려온 배우자감을 부모가 반대할 경우 자녀가 부모의 반대 의사를 수용해 결혼을 포기하기도 하고, 부모의 반대 의사를 거부하고 결혼하기도 한다.

먼저 부모의 의사를 수용해 결혼을 포기하는 경우다. 자녀는 연인과 헤어져서 다른 사람과 결혼해서 살게 된다. 그런데 연애는 환상이고, 결혼은 현실이라는 말이 있지 않은가? 결혼해서 살면 이런저런 갈등이 있기 마련이다. 이때마다 자녀는 헤어진 연인을 그리워하며 그 사람과 결혼했으면 내 인생이 달라졌을 거라며 옛 연인을 추억하게 될 것이다. 사실 누구와 결혼해도 같은 상황이겠지만 살아보지 않은 옛 연인은 모든 게 행복한 환상 속에 있다. 그러니 자신을 불행하게 만든 부모가 원망스러울 수밖에 없다.

부모의 반대를 무릅쓰고 결혼한 사례를 살펴보자. 결혼하고 나면 자녀의 배우자는 생각할수록 기분이 나빠진다. 자신을 반대한 배우자의 부모가 맘에 들 리 만무하지 않은가? 결혼 초부터 해소되지 않는 서운함과 원망의 감정은 평생토록 따라다닌다. 이런 감정들은 쌓이고 쌓여 사소해 보이는 일로 배우자와 자녀의 부모가 크게 충돌하게 되면 서로 영영 남남이 될 수 있다. 위에서 언급한 것과 같이 자녀가 배우자감을 데리고 오면 무조건 환영해주자. 그게 서로를 위해 최선이다.

이런 상황을 사전에 방지하기 위해서 미리미리 자녀에게 이성을 선택하는 안목을 길러줄 필요가 있다. 부모의 이야기가 자녀의 생각에 스며들어 자녀가 스스로 원하는 방향의 기준을 만들어가도록 도와주면 좋다. 자녀도 자신이 스스로 만들어낸 기준이라고 생각하고 자신을 대견하게 생각할 것이다.

먼저 이성친구인 연인 선택방법이다. 연인이 배우자로 이어진다고 생각해보도록 하자. 물론 연인으로는 좋은 사람도 배우자로서 적합하지 않을 수 있다. 하지만 연인의 범위를 너무 좁혀놓으면 남녀 간의 사랑을 경험할 기회가 줄어든다. 연인과의 사랑 경험이 좋은 배우자를 선택할 수 있는 선구안을 제공해주는 통로이기도 하다. 마음에 드는 사람이 나타났을 때 이 사람을 연인으로 사귈지 말지는 스스로 점검해보는 자기 점검 포인트가 있으면 좋다.

먼저 연인에 대한 선호요건을 정리해본다. 일반적으로

자신이 이성에 대해 어떤 성향을 선호하는지 모호한 경우도 많다. 자신에게 솔직하게 어떤 선호도가 있는지 나열해본다. 자신의 선호도 기준을 정의해보고, 연애 기간에 부정적 영향을 미치는 요소인 부정성 요소도 나열해본다.

예를 들자면 선호도 기준은 외모, 키, 학력, 자산, 성격, 사교성 등이 있을 수 있고, 부정성 요소에는 주사, 폭력성, 바람둥이 성향, 마마보이 성향, 허영심, 낭비벽, 규모 없는 소비 등이 있을 수 있다. 선호도 기준은 인내할 수 있는 최저 수준으로 정의하자. 예를 들면 "키는 160cm까지는 참아줄 수 있어"와 같이 정리하면 된다. 부정성은 주사 0%, 폭력성 0%와 같이 가능성을 기입해본다.

이제 연인 후보를 대상으로 부정성 요소에 대입해본다. 부정성 요소에서 이슈가 발생할 것 같으면 바로 관계를 종료해야 한다. 부정성 요소는 연인관계나 부부관계를 파국으로 몰아가는 요소이다. 연애 때 이런 부정성을 확인하지 못해 평생을 불행하게 사는 사람이 있다는 사실을 명심해야 한다. 부정성 요소는 연인관계에서도 지속해서 관찰이 필요한 부분이다. 확실하다고 판단되면 바로 관계를 정리해야 한다. 외모, 자산, 학벌 등의 조건 때문에 미적거리다가 정말 불행의 소굴로 들어갈 수 있다.

부정성 요소를 통과하고 선호도 기준에서 최저 수준을 넘는 사람 중에 연인을 골라서 사귀어 보면 좋다. 물론 인간의 감정이란 게 이렇게 기준대로만 되지 않는다. 특히 누군가에게 매력을 느끼는 것과 누군가를 사랑하는 것은 어쩔 수 없는 요소가 많다. 하지만 이런 자기 점검 기준을 가지고 있으면 침몰해가는 난파선에서 늦지 않게 빠져나올 수 있다. 시간은 걸리겠지만 자녀가 자신만의 자가 점검 기준을 만들어 자신의 연애에 적용해볼 수 있도록 도와주자.

자녀에게 미리미리 연인을 고르는 안목을 길러준다면 부모는 자녀가 결혼하겠다고 인사시키는 배우자감이 마음에 쏙 들 것이다. 자녀의 연인을 고르는 안목만큼 자녀 연애와 결혼생활에서 중요한 요소는 없다는 것을 명심해야 한다.

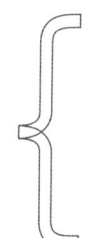 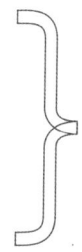

결혼 안 한다는 자녀에 대한 지혜로운 대처

 우리 딸은 결혼 안 한다고 하고, 아들은 결혼은 해도 자녀는 갖지 않겠다라고 말하는 부모들이 있다. 자녀들이 어떤 이유로 결혼을 안 하고, 자식을 갖지 않겠다고 결심했을까? 물론 여러 가지 이유가 있을 수 있다. 연애하면서 큰 상처를 입어서 결혼에 대한 환상이 사라졌을 수도 있고, 경제적인 이유로 자녀 갖기를 포기했을 수도 있다. 하지만 그런 이유는 근본적인 원인이라기보다는 자신의 결정을 외적으로 합리화하는 방법이란 생각이 든다.

 부모들이 들으면 기분이 상하겠지만 자녀들의 이런 결

심은 부모의 결혼생활이 낙제점수였다는 것을 증명해주는 시금석이다. 부모에게 대놓고 부모님의 결혼생활을 보니 결혼 자체에 회의가 생겼고, 나처럼 불행해질 자식을 만들고 싶지 않아서 자녀 갖기를 포기했다고 면전에서 말하지 않은 것을 고마워해야 한다.

그런데 결혼을 안 하고 자식을 갖지 않겠다는 자녀의 결정은 그리 바람직하지는 않다. 결혼하고 자녀를 키우는 과정은 그 자체가 인간의 가장 큰 성장 과정이며, 동시에 성숙 과정이다. 이런 성장과 성숙을 경험해보지 못한 사람은 후반 인생살이에서 또 다른 형태의 많은 어려움에 직면한다.

스스로 결혼을 안 하는 사람은 평생의 친구가 될 수 있는 인생의 동반자를 얻을 기회를 스스로 차버린 것이다. 배우자는 이해관계와 무관하게 자신을 온전히 생각해주는 유일한 사람일 수 있다. 이해관계가 얽혀 있는 사회적인 삶 속에서 자신을 조건 없이 생각해줄 수 있는 배우자 같은 사람은 거의 없다.

자녀를 낳고 자녀를 키우는 것을 경제적인 관점에서 바라본다면 뭔가 한참 잘못 생각하는 것이다. 여성에게 자녀를 갖는다는 것은 신의 창조 역사에 동참하는 위대한 일이다. 여성은 임신하고 자녀를 낳는 과정을 통해 생명의 창조라는 신성한 경험을 하면서 그 과정에서 경외감을 체험한다. 어떤 사람은 자녀의 출산을 기점으로 자신의 삶을 대하는 태도가 180도 달라졌다고 말하기도 한다.

부모는 자녀를 키우고 교육하면서 험난한 가시밭길을 걸어간다. 이런 힘든 과정을 겪으면서 본인의 부모들이 자신들을 위해 얼마나 헌신했는지를 뼈저리게 느낀다. 또한 피할 수 없는 사춘기 자녀와의 갈등을 통해 타인을 이해하고 배려할 줄 아는 성숙한 성인이 된다. 자녀가 부모의 성숙을 위한 신의 선물이라는 생각을 들게 하는 대목이다.

인생의 동반자와 신의 선물을 포기하겠다 말한다면 그래 혼자 사는 것도 좋다면서 호응할 게 아니라 진지하게 설득할 필요가 있다. 그런데 부모들로 인해 엉망이 된 자녀의 결혼 비전을 어떻게 회복시킬 수 있다는 말인가? 참으로 어렵고 난해한 일이지만 부모가 만든 업보라고 생각하고 부모가 풀어줘야 한다.

우선 자녀들에게 부모의 결혼생활에 대한 자기 고백이 필요하다. 어떤 이유로 결혼생활에 문제가 생겼고, 왜 힘겹게 결혼생활이 이어져 왔는지를 잘 설명해주고, 그런 과정에서 상처받은 자녀들에게 미안함을 잘 표현하면 좋다. 그리고 배우자 선택과 결혼생활의 살아있는 노하우를 전해주면 도움이 될 듯하다.

부모의 이런 자기 고백은 오해와 부정적인 감정으로만 쌓여 있던 결혼에 대한 반항심과 반발감을 누그러트려 줄 수 있다. 결혼에 대한 부정적인 감정이 누그러지면 결혼과 출산이 주는 신의 선물에 대한 설명을 부모가 직접 해주거나 멘토링이나 코칭을 통해서 전해주면 좋다.

데이트 폭력의 구조적 원인과 현명한 대응

 데이트 폭력이 한국 사회의 새로운 사회 문제로 떠오르고 있다. 이제 데이트 폭력은 특별한 뉴스거리가 아닌 일상화되어 가는 추세다. 일 평균 40건 정도 발생하면서 폭력 수위도 점차 극단화되고 있어서 딸을 둔 부모들의 걱정이 이만저만 아니다.

 특히 MZ 세대에서 데이트 폭력이 급증하고 있는 이유는 뭘까? 게임, 영화 등 폭력물에 상시적으로 노출되어 그렇다고 주장하는 사람들도 있다. 영향을 끼쳤겠지만 근본적인 원인은 아닌 듯하다. 폭력물 노출은 MZ 세대뿐 아니라 전 세대의 이슈라는 생각 때문이다.

데이트 폭력 이야기에 앞서 극단적인 폭력의 구조적인 원인을 먼저 살펴보자. 단순 폭력에 비해 극단적인 폭력의 원인은 오히려 단순하다. 우리는 극악무도한 살인과 폭력을 저지르는 사람들은 무섭고 야수 같은 사람일 거로 생각한다. 하지만 세상을 떠들썩하게 하는 연쇄 살인범을 잡고 보면 사람들이 생각했던 모습과 달리 조용하고 평범한 인상이 대부분이다. 평소에 조용하고 남들에게도 친절해서 이런 범죄를 저지를 거로 생각지도 못했다는 게 주변 사람들의 진술이다.

일반적으로 소심하고 착한 사람들의 비이성적 마음에는 오히려 반대로 폭력성이 내재되어 있다. 소심하고 마음이 약한 사람들은 생존전략의 일환으로 자신을 억제하면서 타인에게 친절한 것이다. 하지만 비이성적인 마음에는 친절함으로 눌러놓은 불만, 불평, 폭력성이 가득하다. 이런 내면의 억눌림은 무의식적으로 하는 혼잣말을 통해 표출되기도 한다.

소심한 사람들의 비이성적인 마음에 잠재해 있는 폭력성을 깨우는 트리거는 상대방이 자신을 무시한다는 느낌을 받았을 때다. 그때 비이성적인 마음에 사로잡히면서 억제되어 있던 폭력성이 강하게 분출된다. 이런 폭력성이 바로 엽기적인 살인으로 이어지는 경우가 많다.

평소 자기 긍정성을 갖고 있는 사람은 어쩌다 타인의 무시 발언에 크게 영향을 받지 않는다. 그러나 자기 긍정성이 없는 사람에게 타인의 무시 발언은 내면의 야수 본성을 튀어나오게 한다.

영화 <기생충>은 소심한 사람이 어떤 과정을 통해 극단적인 폭력에 순간적으로 사로잡히는지를 잘 보여준다. 기택은 가난하지만 사이좋은 가족의 가장이다. 기택은 남들에게 피해를 주거나 나쁜 짓을 하지 않는다. 다만, 자신이 밑바닥 인생이라는 열등감을 가지고 산다.

우연한 기회에 동익의 운전기사로 취직한 기택은 동익으로부터 무시와 멸시의 감정을 느낀다. 감정의 트리거는 냄새였다. 기택에게 나는 반지하의 쾌쾌한 냄새는 기택의 정체성이자 가난을 바라보는 부자들의 무시나 혐오였던 것이다. 동익과 연교는 기택에게서 이상한 냄새가 난다고 코를 찡그린다. 하지만 열등감을 억누르면서 동익의 차를 몬다. 이렇게 쌓여 있던 무시의 감정은 동익의 파티에서 극단적인 형태로 분출한다.

딸 기정의 죽음 앞에서 자신의 아들만을 살리겠다며 차키를 찾는 동익의 이기적인 마음과 차키를 찾는 과정에서 코를 찡그리는 동익의 모습을 보고 기택은 억눌렀던 무시당한 감정이 폭발한다. 무시의 감정이 기택을 극단적인 살인자로 몰고 간 것이다.

극단적인 폭력이 일어나는 구조적인 원인에 대해서 알아봤다. 그렇다면 이성과의 데이트에 임하는 남녀의 서로 다른 심리를 알아보자. 폭력의 구조적 원인과 데이트에 임하는 남녀의 심리를 잘 조합해보면 데이트 폭력의 원인에 좀 더 명확하게 다가갈 수 있다.

남녀 데이트에서 맨 처음 이루어지는 신체 접촉은 손잡기다. 남자는 여자의 손을 잡으면서 '너는 내 거야'라는 생각을 한다. 남자의 손잡기에는 소유의 개념이 포함되어 있다. 반면 여자는 '나는 너랑 친한 관계야'라고 생각한다. 그래서 스스럼없이 손을 잡는다.

내 소유라고 생각했는데 나를 부정하거나 다른 사람에게 가려고 하면 어떤 마음일까를 생각해보자. 내 소유로 남게 하든지, 내 소유로 남길 수 없다면 부숴버리겠다는 마음이 드는 것이다. 연인이 헤어지면서 폭력을 행사하는 비율이 남자가 월등히 많은 이유도 연애 기간에 남자가 여자를 소유했다고 생각하기 때문이다. 남자와 달리 여자는 소유가 아닌 관계로 접근하기 때문에 기존 관계를 끝내고 새로운 관계로 진입하는 데 부담이 없는 것이다.

아울러 MZ 세대의 연애도 한 번 쓰고 버리는 패스트패션의 개념이 스며들고 있다. 쿨하게 만나고 쿨하게 헤어진다는 생각이 지배적이다. 이런 패스트패션화의 개념은 비이성적인 마음에 영원한 소유를 꿈꾸게 만든다. 평소에는 쿨한 관계로 지내다가 갈등과 다툼 그리고 무시의 감정이 트리거가 되면 비이성적 마음에 사로잡힌다. 이성적 마음이 지배할 때 툭툭 던지던 쿨한 말들이 비이성적 마음이 지배할 때는 독이 될 수 있다. 쓰레기 취급을 하며 "이제 그만 만나자", "다른 남자 생겼어" 등은 쿨한 연애를 즐기던 연인들이 평소에 하던 이야기일 수 있다.

하지만 남자가 비이성적인 마음에 휩싸여 있고, 영원한 소유 개념에 사로잡혀 있다면 이야기는 달라진다. 나를 떠나려는 상대를 부숴버려서라도 내 곁에 두고 싶다는 비이성적 마음이 올라온다. 더더욱 자신을 폐급이라고 무시하고 있지 않은가. 무시는 폭력을 부르고, 영원한 소유 개념은 소유물을 파괴하려는 충동을 부채질할 수 있다.

부모들은 지금까지 설명한 폭력의 구조적 원인과 남녀의 연애심리를 잘 이해한 후에 자녀가 데이트 폭력에 노출되지 않도록 적정한 지도와 조언을 해줘야 한다. 일단 소심하고 마음이 여린 사람을 무시로 자극하지 말아야 한다. 또한 아무리 상대 연인이 실제 쿨하거나 쿨한 척을 해도 함부로 연인의 감정을 자극하는 말을 뱉어서는 안 된다. 평소에 쿨한 사람의 비이성적인 마음에는 영원한 소유가 자리 잡고 있을 수 있다.

부모들은 데이트 폭력 기사를 접하면 자녀와 같이 데이트 폭력에 대한 이야기를 같이 나누어 보면 좋을 듯하다. 특히 남자들의 비이성적인 마음을 잘 이해시키면 금상첨화일 듯하다. 왜냐하면 데이트 폭력은 감정이 폭발하는 비이성적인 마음에 사로잡혀 있을 때 발생하기 때문이다.